Neimenggu Zizhiqu Gonglu Bianpo

内蒙古自治区公路边坡

Shengtai Huifu Yu Chongjian Jishu Zhinan

生态恢复与重建技术指南

戴泉玉　顾　卫　张化平
李和平　陈述悦　余海龙　辛国树　编著

人民交通出版社

内 容 提 要

本书系统介绍了内蒙古自治区境内公路边坡生态恢复各环节特点及工艺流程。在理论分析和工程实践的基础上，详细论述了坡面人工土壤层和植物群落的设计与重建方法，阐述了坡面植被恢复技术的原理、特征、应用状况、设计原则、设备材料、工艺流程和施工验收，并通过工程示范和跟踪调查，对主要植被建植技术的工程效果进行了分析。本书在总结内蒙古多处绿化工程施工的经验和教训的基础上，系统介绍了内蒙古自治区公路边坡生态恢复的技术特点。因此，对于边坡植被恢复具有较强的指导意义，不仅可指导内蒙古境内的公路边坡绿化工作，对于国内其他地区的生态恢复工作也具有一定的借鉴意义。书中内容文字简练、演示图片较多，易被施工一线的工作人员吸收和理解，指导操作性强。

本书主要适合从事我国北方地区（内蒙古自治区）公路边坡生态恢复的工程技术人员及科研人员参考。

图书在版编目（CIP）数据

内蒙古自治区公路边坡生态恢复与重建技术指南/戴泉玉等编著. —北京：人民交通出版社，2011.6
ISBN 978-7-114-09063-9

I. ①内… II. ①戴… III. ①公路路基－边坡－生态恢复－内蒙古－指南 IV. ①U418.5-62②X171.4-62

中国版本图书馆 CIP 数据核字（2011）第 074641 号

书　　名：内蒙古自治区公路边坡生态恢复与重建技术指南
著 作 者：戴泉玉　顾　卫　张化平　李和平　陈述悦　余海龙　辛国树
责任编辑：刘　倩
出版发行：人民交通出版社
地　　址：（100011）北京市朝阳区安定门外外馆斜街 3 号
网　　址：http://www.ccpress.com.cn
销售电话：（010）59757969、59757973
总 经 销：人民交通出版社发行部
经　　销：各地新华书店
印　　刷：北京市密东印刷有限公司
开　　本：880×1230　1/16
印　　张：8.75
字　　数：244 千
版　　次：2011 年 6 月　第 1 版
印　　次：2011 年 6 月　第 1 次印刷
书　　号：ISBN 978-7-114-09063-9
印　　数：0001－2000 册
定　　价：58.00 元

a. 2006年10月29日项目专家评审会

b. 2010 年 5 月 28 日项目结题验收会

卷头插图"半干旱地区公路岩质边坡生物恢复加固技术研究"课题相关照片

前　言

内蒙古自治区位于我国北部边疆，地域辽阔，地跨东北、华北、西北地区，由东北向西南斜伸，呈狭长形，东西直线距离2 400多公里，南北跨度为1 700多公里，全区总面积118.3万平方公里。内蒙古地域特点鲜明，交通建设对经济的发展极为重要，交通是国民经济的基础性、先导性和服务性产业，公路是内蒙古各族人民的发展路、致富路。近年来，随着交通运输部等部门在政策、规划、投资上支持力度的不断加大，内蒙古公路交通正处于蓬勃发展的阶段。

目前，内蒙古正在建设"8988"高速公路网，该路网由8条横线、9条纵线、8条联络线和8条环线组成，总里程9 200km。其中，国家高速公路网规划已经明确的路线总里程为6 000km。截至2010年年底，全区公路通车总里程达到15.7万km，其中高速公路达到2 365km，一级公路达到3 387km，一个以高速公路、一级公路为骨架，农村牧区公路为补充的公路网格局初步形成，盟市行署政府所在地与周边省区大城市正在以高速公路、一级公路连通。但全区公路密度仅为每百平方公里面积土地拥有公路13.3km，不足全国平均面积密度的1/3。

内蒙古自治区除兴安岭山区属温带湿润季风气候和温带半湿润季风气候外，广大中西部地区分属温带半干旱和干旱大陆性气候，这对裸露边坡的植被恢复无疑增大了难度。全区不少地区因公路地处盐碱、沙漠戈壁地带，自然环境较差，树木花草的栽植难度大，成活率偏低；同时，公路交通部门每年可投入的绿化经费有限，致使全区可绿化里程不能全面开展并提高绿化标准，以及无资金对恶劣地质条件下的绿化研究工作进行更深层次的科学研究等因素，都在一定程度上影响了公路绿化。据报道，2009年全区公路绿化率仅为21.7%。因此，加快全区公路绿化建设、提高绿化质量，对改善公路沿线地区生态环境、提高道路服务水平和质量将产生极大的促进作用。在大力发展资源节约和环境友好型社会的要求下，公路边坡生态恢复与重建方面的工作就显得尤为重要和紧迫。

在这个背景下，为了恢复和改善半干旱地区公路岩质边坡生态环境，提高我国北方公路生态建设的技术水平，建立恶劣立地条件下的生态恢复模式，探索土木工程与生态工程相结合的技术方法，经交通部科技教育司组织专家审议论证，由内蒙古自治区公路局负责，由区内外高等院校和施工企业参加的西部交通建设科技项目"半干旱地区公路岩质边坡生物恢复加固技术研究"课题组在2006年正式成立。在项目牵头单位内蒙古自治区公路局的精心组织下，北京师范大学、路城生态工程有限公司等参加单位精诚合作，认真实施，经过科研人员4年多的努力研究和反复实验，项目研究取得了可喜的成果。2010年5月，交通运输部西部交通建设科技项目管理中心在呼和浩特市主持召开了西部交通建设科技项目"半干旱地区公路岩质边坡生物恢复加固技术研究"成果验收鉴定会。与会专家在听取了项目组汇报和审查了技术文件的基础上，经过讨论后认为该项目在基于植被恢复目的的岩质边坡及其相应的生境再造技术方案、人工土壤层中壤土和堆肥的合理配比、构建草灌群落的多种技术组合等方面取得了创新性成果，课题成果在半干旱地区依托工程的应用中取得了显著成效，项目研究成果在半干旱地区公路岩质边坡生态恢复方面达到了国际先进水平。

在项目实施过程中，得到了交通部西部项目中心刘家镇主任，内蒙古自治区交通厅周杰副厅长、姜革锋副厅长、科教处刘凤林处长，以及内蒙古赤峰市交通局，赤大、赤通高速项目办，集老高速项目办，北京首发公司京承高速项目办的大力支持和帮助，在此一并表示感谢！

为了使研究成果能够与实际工作有机地结合起来，更好地服务于交通环保事业，课题承担单位内蒙古自治区公路局和参加单位北京师范大学在归纳总结专家意见的基础上，对课题的研究内容和结果进行了整理和提炼，编写了本指南。

本指南在编制过程中，认真总结内蒙古自治区多处绿化工程施工的经验和教训，学习和借鉴国内、国际先进技术，以工程质量验收标准为依据，重点对施工过程中的工艺、方法、措施和质量控制目标作出规定，反映工程施工的新技术、新材料、新工艺、新方法，突出内蒙古自治区公路边坡生态恢复的技术特点。因此，本指南对于边坡植被恢复具有较强的指导意义，不仅可指导内蒙古自治区内的公路边坡绿化工作，对于国内其他地区的生态恢复工作也具有一定的借鉴意义。再有，本指南内容文字简练、演示图片较多，易被施工一线的工作人员接受和理解，指导操作性强。

本指南共分8个章节，包括内蒙古自治区自然环境概述、公路边坡概论、人工土壤层设计与重建方法、植物群落设计与重建方法、养护管理、施工及交工验收、工程案例和工程效果评价等内容。

本指南由戴泉玉、顾卫主持编著。第1章由陈述悦、李和平、张化平、辛国树编写；第2章由顾卫、邵琪、戴泉玉、陈述悦编写；第3章由顾卫、戴泉玉、余海龙编写；第4章由顾卫、齐藤诚、陶岩、戴泉玉编写；第5章由戴泉玉、顾卫、陶岩、张春禹编写；第6章由戴泉玉、顾卫、张春禹编写；第7章由顾卫、齐藤诚、邵琪、余海龙、陶岩、戴泉玉、李和平、张化平、辛国树编写；第8章由余海龙、顾卫、陶岩编写。全书由戴泉玉、顾卫统编定稿。

半干旱地区公路岩质坡面植被恢复技术研究对作者来说是新课题，由于我们水平有限，有些技术试验和理论分析结果还有待于时间的检验，所以难免有疏忽和遗漏之处，值得讨论和商榷的问题还很多，恳请广大读者、有关专家和工程技术人员提出批评和宝贵意见。

作　者

2010年12月

目　　录

1 内蒙古自治区自然环境概述

1.1 地理位置

内蒙古自治区位于我国的北部边疆，由东北向西南斜伸，呈狭长形。经纬度东起东经126°04′，西至东经97°12′，横跨经度28°52′，东西直线距离2 400多公里；南起北纬37°24′，北至北纬53°23′，纵占纬度15°59′，南北直线距离1 700多公里。内蒙古自治区东、南、西依次与黑龙江、吉林、辽宁、河北、山西、陕西、宁夏和甘肃8省区毗邻，跨越三北（东北、华北、西北），靠近京津，北部同蒙古国为邻，东北部与俄罗斯接壤，国界线长达4 221km。内蒙古自治区行政区划图见图1.1-1。

图1.1-1 内蒙古自治区行政区划图

1.2 气候特征

内蒙古自治区气候以温带大陆性季风气候为主。大兴安岭北段地区属于寒温带大陆性季风气候，巴彦浩特—海勃湾—巴彦高勒以西地区属于温带大陆性气候。内蒙古气候总的特点是春季气温骤升，多大风天气，夏季短促而炎热，降水集中，秋季气温剧降，霜冻往往早来，冬季漫长严寒，多寒潮天气。

内蒙古日照充足，大部分地区年日照时数都大于2 700h，全年太阳辐射量从东北向西南递增，年平均气温为0～8℃，气温年差平均在34～36℃，日差平均为12～16℃。年总降水量50～450mm，由东北向西南递减，蒸发量大部分地区都高于1 200mm，大兴安岭山地年蒸发量少于1 200mm，巴彦淖尔高原地区达 3 200mm 以上。全年大风日数平均在 10～40d,70% 发生在春季。其中锡林郭勒、乌兰察布高原达 50d 以上;大兴安岭北部山地,一般在 10d 以下。沙暴日数大部分地区为 5～20d,阿拉善西部和鄂尔多斯高原地区达 20d 以上,阿拉善盟额济纳旗的呼鲁赤古特大风日,年均 108d。

采用内蒙古自治区 1 月平均气温 -30℃ 作为一级区划主导指标,≥10℃ 积温为 1 400℃ 为一级区划辅助指标,可以把自治区划分为山地垂直寒温带和中温带两大部分;以自治区的湿润状况作为二级区划指标,可以把自治区划分为 9 个气候湿润地带(表 1.2-1);以≥10℃ 积温为三级区划指标,可以把自治区划分为 7 个气候区(表 1.2-2)。全区气候区划图见图 1.2-1。

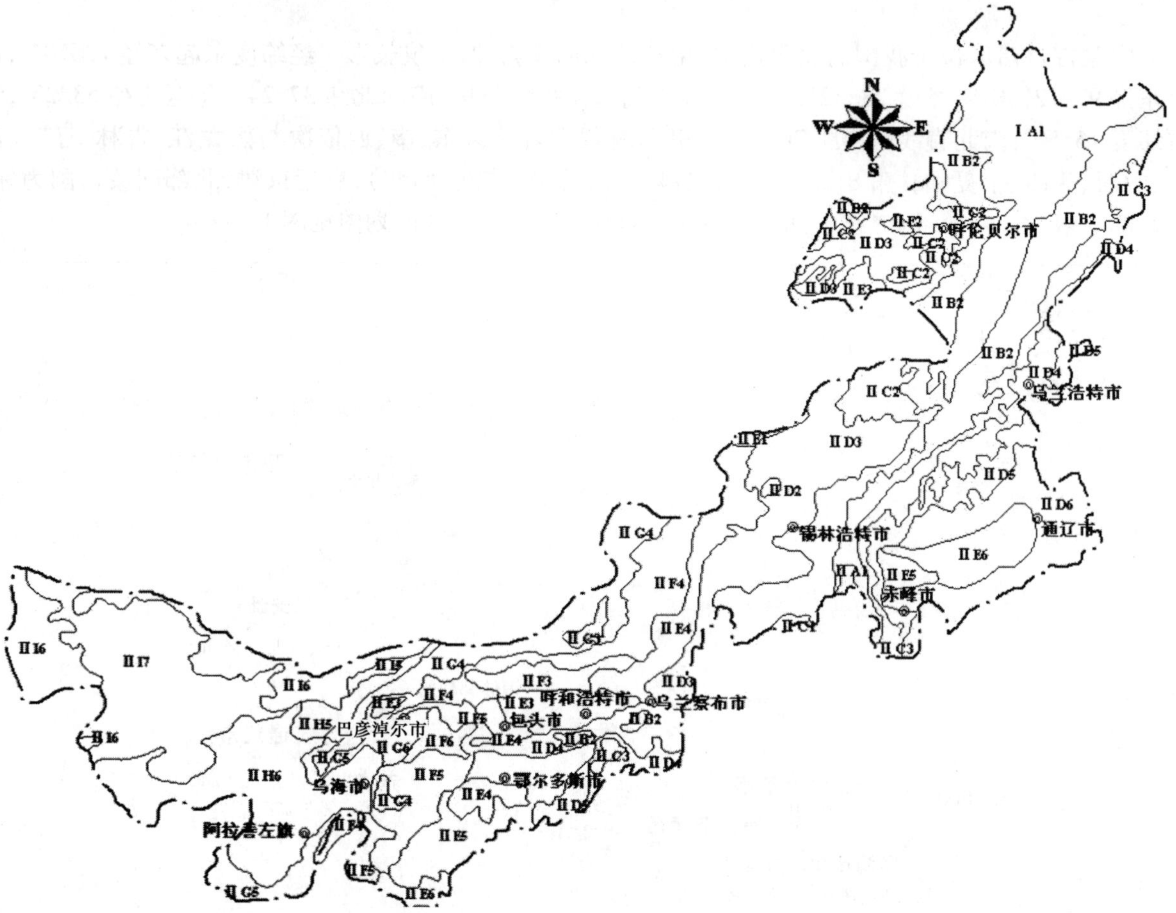

图 1.2-1　内蒙古自治区气候区划图(引自内蒙古草场资源遥感应用研究文集)

气候区划的水分指标(二级区划指标)　　表 1.2-1

区　号	名　称	湿润度	年降水量(mm)
A	湿润气候地带	>1.0	>450
B	半湿润偏湿气候地带	0.8～1.0	400～450
C	半湿润偏润气候地带	0.6～0.8	350～400
D	半干旱偏润气候地带	0.4～0.6	300～350
E	半干旱偏干气候地带	0.23～0.4	250～300
F	干旱气候地带	0.13～0.23	200～250
G	很干旱气候地带	0.10～0.13	150～200
H	强干旱气候地带	0.03～0.10	100～150
I	极干旱气候地带	<0.03	<100

气候区划的热量指标(三级区划指标)　　表 1.2-2

区　号	名　称	≥10℃积温(℃)
1	山地寒温带寒冷气候区	<1 400
2	中温带温寒气候区	1 400 ~ 1 800
3	中温带温凉气候区	1 800 ~ 2 200
4	中温带温和气候区	2 200 ~ 2 600
5	中温带温暖气候区	2 600 ~ 3 000
6	中温带温热气候区	3 000 ~ 3 400
7	中温带暖温气候区	>3 400

1.3 地质地貌特征

内蒙古自治区地域辽阔,地层发育齐全。以北 42°为界,可分为两个 I 级大地构造单元,42°线以北为天山—内蒙古—兴安地槽区,以南为华北地台区。中、新生代时受太平洋板块向西俯冲的影响,内蒙古东部地区形成北北东向的构造火山岩带,即新华夏系第三隆起带。

全区地貌以蒙古高原为主体,具有复杂多样的形态。除东南部外,基本是高原,由呼伦贝尔高平原、锡林郭勒高平原、巴彦淖尔—阿拉善及鄂尔多斯等高平原组成,平均海拔 1 000m 左右,海拔最高点贺兰山主峰 3 556m。高原四周分布着大兴安岭、阴山、贺兰山等山脉,构成内蒙古高原地貌的脊梁。内蒙古高原西端分布有巴丹吉林、腾格里、乌兰布和、库布其、毛乌素等沙漠,总面积 15 万 km^2。在大兴安岭的东麓、阴山脚下和黄河岸边,有嫩江西岸平原、西辽河平原 、土默川平原、河套平原及黄河南岸平原。在山地向高平原、平原的交接地带,分布着黄土丘陵和石质丘陵,其间杂有低山、谷地和盆地分布。全区高原面积占全区总面积的 53.4%,山地占 20.9%,丘陵占 16.4%,河流、湖泊、水库等水面面积占0.8%。内蒙古自治区地貌分区见图 1.3-1 和表 1.3-1。

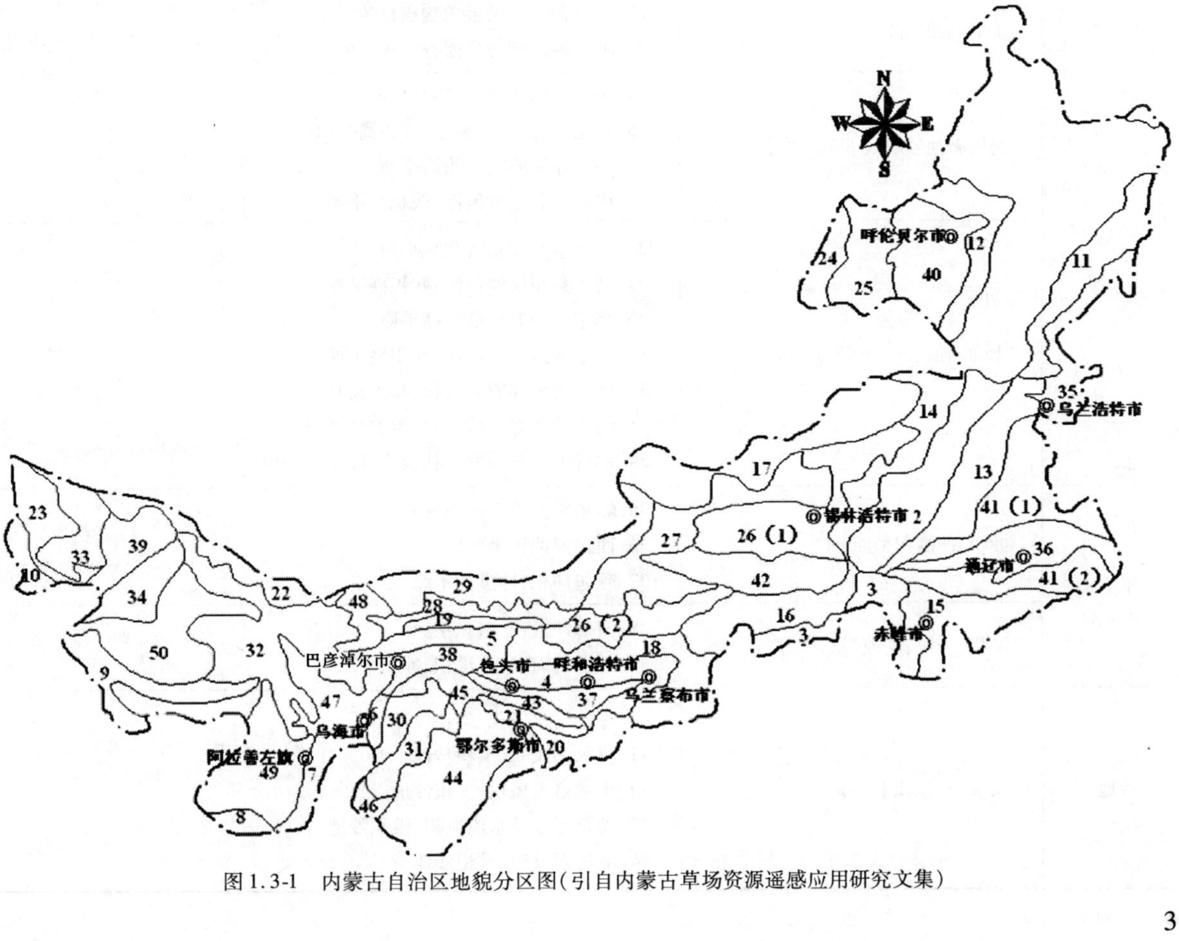

图 1.3-1　内蒙古自治区地貌分区图(引自内蒙古草场资源遥感应用研究文集)

内蒙古自治区地貌分区表 表 1.3-1

区	亚区	小区
山地	寒冻风化、侵蚀剥蚀山地	1. 大兴安岭北段中、低山地 2. 大兴安岭南段中、低山地
	侵蚀剥蚀山地	3. 冀北中、低山地 4. 阴山东段中、低山地
	侵蚀剥蚀、干燥剥蚀山地	5. 阴山西段中、低山地 6. 卓资山中、低山地 7. 贺兰山高、中、低山地
	干燥剥蚀山地	8. 庆阳山中、低山地 9. 龙首山北侧中、低山地 10. 色尔乌拉山中、低山地
丘陵	侵蚀剥蚀、寒冻风化丘陵	11. 大兴安岭北段东侧残积、坡积丘陵 12. 大兴安岭北段西侧残积、覆沙丘陵
	侵蚀剥蚀丘陵	13. 大兴安岭南段东侧残积、坡积丘陵 14. 大兴安岭南段西侧残积、覆沙丘陵 15. 冀北山地东段北侧黄土、残积丘陵 16. 冀北山地西段北侧覆沙、残积丘陵
	侵蚀剥蚀、风蚀(积)	17. 中蒙边境残积丘陵 18. 阴山东段北侧覆沙、残积丘陵 19. 阴山西段北侧覆沙、残积丘陵 20. 准格尔—清水河黄土、残积丘陵 21. 东胜—和林覆沙、残积丘陵
	干燥剥蚀丘陵	22. 阿拉善北缘洪果尔残积丘陵 23. 阿拉善西端吉尔德查残积丘陵
高平原	侵蚀剥蚀、风蚀(积)高平原	24. 呼伦贝尔波状、残积高平原 25. 呼伦贝尔层状、覆沙、残积高平原 26. 锡林郭勒波状残积高平原 27. 锡林郭勒层状覆沙、残积高平原
	干燥剥蚀、风蚀(积)高平原	28. 乌兰察布波状残积高平原 29. 乌兰察布层状覆沙、残积高平原 30. 鄂尔多斯波状残积高平原 31. 鄂尔多斯层状覆沙、残积高平原 32. 阿拉善东部波状残积、覆沙高平原 33. 阿拉善西部波状残积、覆沙高平原 34. 额济纳古三角洲层状残积、覆沙高平原
平原	冲积、冲洪积平原	35. 岭东嫩江沿岸冲积平原 36. 西辽河冲积平原 37. 呼包冲积、冲洪积平原
	洪积、冲积、风蚀(积)平原	38. 河套冲洪积、风积平原 39. 额济纳河风积、洪积、冲积平原
沙地	风蚀(积)、洪积沙地	40. 呼伦贝尔风积、洪积沙地 41. 科尔沁风积、洪积沙地 42. 小腾格里风积、洪积沙地 43. 库布齐沙带东段风积、洪积沙地 44. 毛乌素风积、洪积沙地

续上表

区	亚　区	小　区
沙漠	风蚀(积)、干燥剥蚀沙漠	45. 库布齐沙带西段风积沙漠 46. 鄂尔多斯(毛乌素沙区西段、河东沙区)风积、残积沙漠 47. 乌兰布和风积沙漠 48. 亚玛雷克—海里风积、残积沙漠 49. 腾格里风积沙漠 50. 巴丹吉林风积、残积沙漠

1.4　土壤特征

内蒙古自治区土壤种类较多,但其共同特点是土壤形成过程中钙积化强烈,有机质积累较多。根据土壤形成过程和土壤属性,分为9个土纲,22个土类。在9个土纲中,以钙层土分布最少。土壤分布东西之间变化明显,土壤带基本呈东北—西南向排列,最东为黑土壤地带,向西依次为暗棕壤地带、黑钙土地带、栗钙土地带、棕壤土地带、黑垆土地带、灰钙土地带、风沙土地带和灰棕漠土地带。其中黑土壤的自然肥力最高,结构和水分条件良好,易于耕作,适宜发展农业;黑钙土自然肥力次之,适宜发展农林牧业。内蒙古自治区土被区划见图1.4-1和表1.4-1。

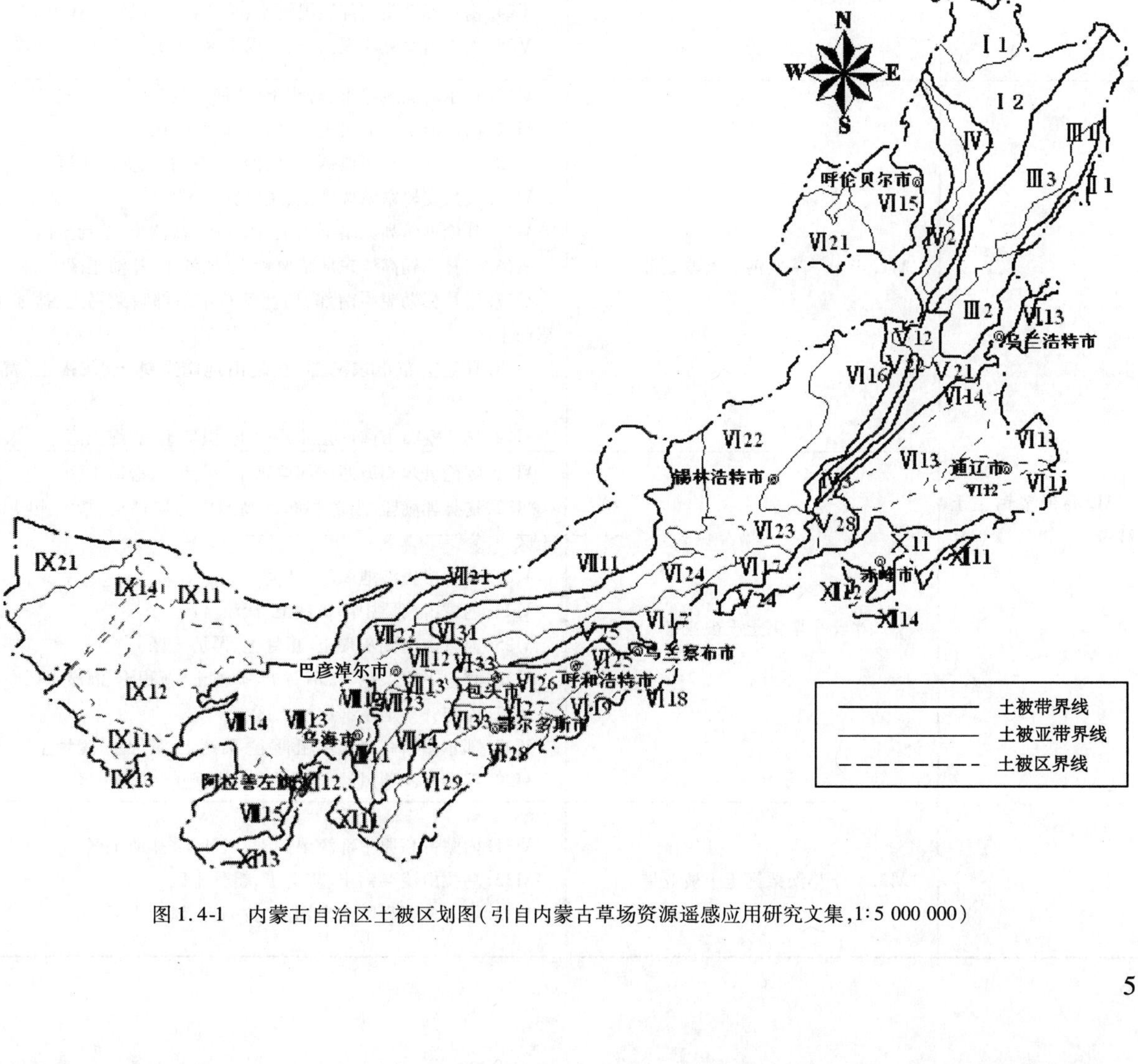

图1.4-1　内蒙古自治区土被区划图(引自内蒙古草场资源遥感应用研究文集,1∶5 000 000)

内蒙古自治区土被区划表 表 1.4-1

<table>
<tr><th>土被带</th><th>土被亚带</th><th>土区</th></tr>
<tr><td rowspan="2">Ⅰ.寒温带棕色针叶林土、灰化土土被带</td><td>Ⅰ1.灰化土、棕色针叶林土被亚带</td><td></td></tr>
<tr><td>Ⅰ2.棕色针叶林土、灰化土被亚带</td><td></td></tr>
<tr><td>Ⅱ.温带黑土土被带</td><td>Ⅱ1.半湿润黑土土被亚带</td><td></td></tr>
<tr><td rowspan="3">Ⅲ.温带暗棕壤土被带</td><td>Ⅲ1.半湿润暗棕壤、黑土土被亚带</td><td></td></tr>
<tr><td>Ⅲ2.半湿润暗棕壤、黑钙土土被亚带</td><td></td></tr>
<tr><td>Ⅲ3.湿润暗棕壤土被亚带</td><td></td></tr>
<tr><td rowspan="3">Ⅳ.温带灰色森林土土被带</td><td>Ⅳ1.湿润灰色森林土土被亚带</td><td></td></tr>
<tr><td>Ⅳ2.半湿润灰色森林土、黑钙土土被亚带</td><td></td></tr>
<tr><td>Ⅳ3.大兴安岭南段灰色森林土、黑钙土土被亚带</td><td></td></tr>
<tr><td rowspan="2">Ⅴ.温带黑钙土土被带</td><td>Ⅴ1.半湿润黑钙土土被亚带</td><td>Ⅴ11.呼伦贝尔高原黑钙土区
Ⅴ12.大兴安岭中段鞍部黑钙土区</td></tr>
<tr><td>Ⅴ2.半湿润淡黑钙土土被亚带</td><td>Ⅴ21.大兴安岭南段淡黑钙土、暗棕壤区
Ⅴ22.大兴安岭南段西坡淡黑钙土、灰色森林土区
Ⅴ23.大兴安岭南段台地、丘陵淡黑钙土、栗钙土区
Ⅴ24.锡林郭勒盟南部淡黑钙土、暗栗钙土、风沙土区
Ⅴ25.大青山北侧淡黑钙土、灰褐土区</td></tr>
<tr><td rowspan="3">Ⅵ.温带栗钙土土被带</td><td>Ⅵ1.半干旱暗栗钙土土被亚带</td><td>Ⅵ11.科尔沁润风沙土、盐渍土、草甸土区
Ⅵ12.西辽河平原灌淤土、草甸土、风沙土区
Ⅵ13.大兴安岭东暗栗钙土、风沙土、草甸土、盐渍土区
Ⅵ14.大兴安岭东暗栗钙土、淡黑钙土区
Ⅵ15.呼伦贝尔高原暗栗钙土、风沙土、盐渍土、草甸土区
Ⅵ16.锡林郭勒高原东部暗栗钙土、风沙土、盐渍土区
Ⅵ17.锡林郭勒盟中南部、乌兰察布市东部暗栗钙土、盐渍土、草甸土区
Ⅵ18.乌兰察布市东南部、丘陵山地暗栗钙土、灰褐土、黄绵土区
Ⅵ19.乌兰察布市南部丘陵栗褐土、黑垆土、黄绵土区</td></tr>
<tr><td>Ⅵ2.半干旱栗钙土土被亚带</td><td>Ⅵ21.呼伦贝尔高原西南部栗钙土、风沙土、盐渍土区
Ⅵ22.锡林郭勒盟、乌兰察布市高原中部栗钙土、盐渍土、风沙土区
Ⅵ23.小腾格里沙地风沙土区
Ⅵ24.内蒙古高原中部栗钙土、盐渍土区
Ⅵ25.大青山南侧灰褐土、粗骨土、黑垆土区
Ⅵ26.呼包平原栗钙土、草甸土、盐渍土、新积土、灌淤土区
Ⅵ27.库布齐沙地东部风沙土区
Ⅵ28.鄂尔多斯高原东部粗骨土、栗钙土、黄绵土、黑垆土区
Ⅵ29.毛乌素沙地风沙土、草甸土、沼泽土、盐渍土区</td></tr>
<tr><td>Ⅵ3.半干旱淡栗钙土土被亚带</td><td>Ⅵ31.内蒙古高原中部淡栗钙土、风沙土、盐渍土区
Ⅵ32.乌拉山淡栗钙土、灰褐土、粗骨土区
Ⅵ33.鄂尔多斯高原淡栗钙土、黄绵土、风沙土区</td></tr>
</table>

续上表

土被带	土被亚带	土区
Ⅶ.温带棕钙土土被带	Ⅶ1.半干旱棕钙土土被亚带	Ⅶ11.内蒙古高原棕钙土、盐渍土区 Ⅶ12.河套灌区灌淤土、草甸土、盐渍土、风沙土区 Ⅶ13.库布齐沙漠干风沙土区 Ⅶ14.鄂尔多斯高原棕钙土、风沙土、盐渍土区
	Ⅶ2.淡棕钙土土被亚带	Ⅶ21.巴彦淖尔市西北部淡棕钙土、风沙土、盐渍土区 Ⅶ22.狼山棕钙土、粗骨土(石质土)、栗钙土区 Ⅶ23.鄂尔多斯高原西部淡棕钙土、风沙土区
Ⅷ.温带干旱灰漠土土被带		Ⅷ11.桌子山灰漠土、棕钙土、栗钙土区 Ⅷ12.鄂尔多斯高原西端灰漠土、粗骨土、风沙土区 Ⅷ13.乌兰布和沙漠干风沙土、草甸土、盐渍土区 Ⅷ14.阿拉善高原灰漠土、风沙土、粗骨土区 Ⅷ15.腾格里沙漠干风沙土、盐渍土、草甸土区
Ⅸ.温带干旱灰棕漠土土被带		Ⅸ11.阿拉善高原灰棕漠土、风沙土、龟裂土区 Ⅸ12.巴丹吉林沙漠、干风沙土区 Ⅸ13.龙首山石质土、粗骨土、灰漠土、棕钙土区 Ⅸ14.弱水干三角洲灌丛荒漠草甸土、灰棕漠土、盐渍土区 Ⅸ21.阿拉善盟西北部碎屑土、石膏灰棕漠土区
Ⅹ.温带暖温型栗褐土土被带		Ⅹ11.半干旱偏润黄绵土、栗褐土区
Ⅺ.温带暖温型灰钙土土被带		Ⅺ11.鄂尔多斯高原西南部淡灰钙土、风沙土、草甸土区 Ⅺ12.贺兰山灰钙土、灰褐土、黑毡土区 Ⅺ13.阿拉善盟东部淡灰钙土、风沙土区
Ⅻ.暖温带褐土土被带		Ⅻ11.赤峰南部低山、黄土丘陵棕壤、褐土、黄绵土区 Ⅻ12.赤峰南部石质中山棕壤区

1.5　植被特征

内蒙古自治区植被具有植物种类较丰富但分布不均衡的特点。境内植被由种子植物、蕨类植物、苔藓植物、菌类植物、地衣植物等植物种类组成，已搜集到的种子植物和蕨类植物共计2 351种，其中引进栽培的有184种，野生植物有2 167种（种子植物2 106种，蕨类植物61种）。山区植物最丰富，东部大兴安岭拥有丰富的森林植物及草甸、沼泽与水生植物，中部阴山山脉及西部贺兰山兼有森林、草原植物和草甸、沼泽植物，高平原和平原地区以草原与荒漠旱生型植物为主，含有少数的草甸植物与盐生植物。

内蒙古自治区是国家重要的森林基地之一，树木种类繁多，乔灌树种达350多种，森林总面积约2 080万公顷，居全国第1位。区内森林资源大部分集中在大兴安岭北部山地，原始森林就占全区林地面积的50%。

内蒙古天然草场面积辽阔，草原总面积达8 666.7万公顷，占全国草原总面积21.7%，其中可利用草场面积达 6 818.0 万公顷，约占内蒙古总土地面积的 60%。境内草原植被由东北的松辽平原，经大兴安岭南部山地和内蒙古高原到阴山山脉以南的鄂尔多斯高原与黄土高原，组成一个连续的整体，其中：草原植被包括世界著名的呼伦贝尔草原、锡林郭勒草原、乌兰察布草原、鄂尔多斯草原等。荒漠植被主要分布于鄂尔多斯市西部、巴彦淖尔市西部和阿拉善盟。内蒙古自治区植被水平—垂直地带见图 1.5-1 和表 1.5-1。

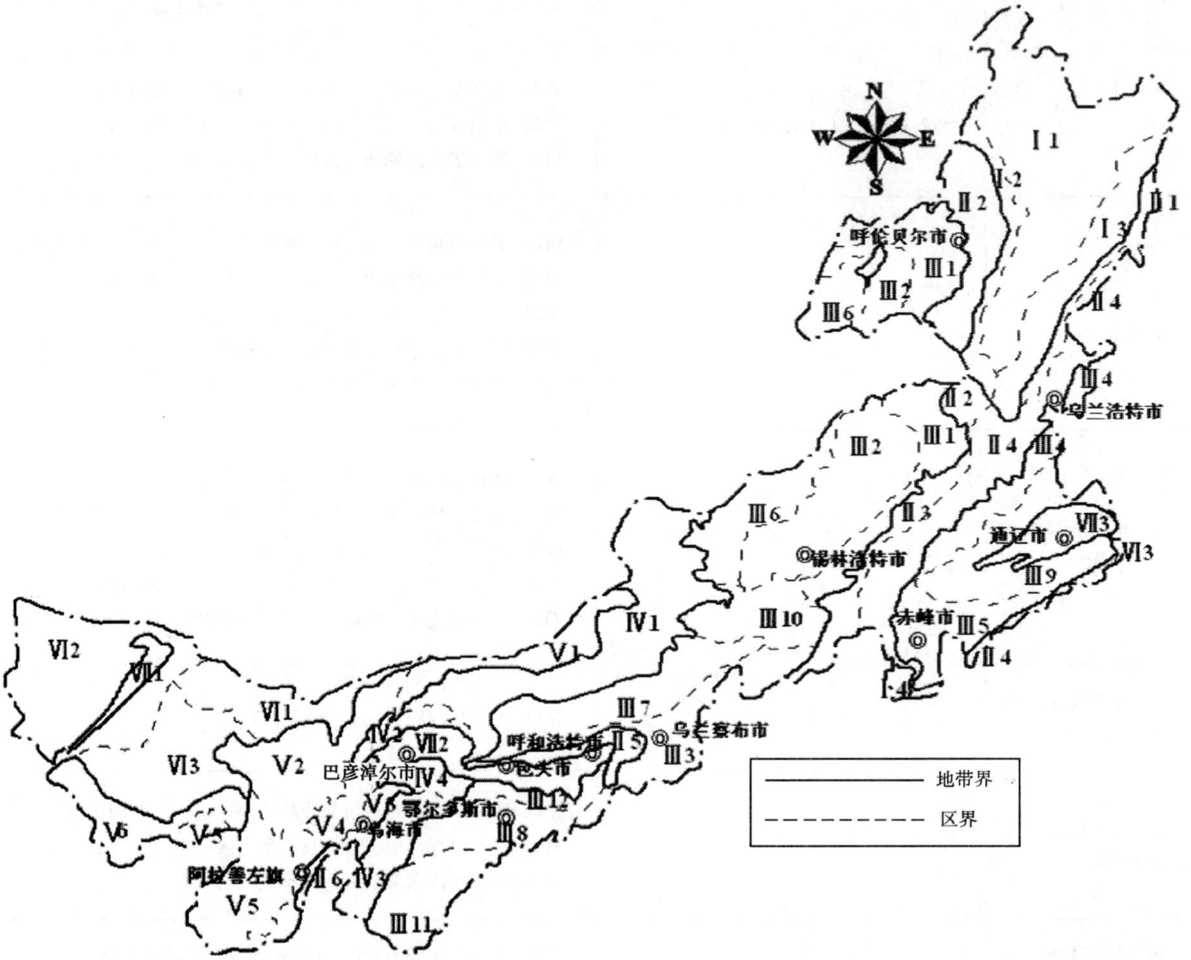

图 1.5-1　内蒙古自治区植被水平—垂直地带图（引自内蒙古草场资源遥感应用研究文集）

内蒙古自治区植被水平—垂直地带表　　表 1.5-1

地　带	亚　地　带
Ⅰ.寒温性、温性森林地带	Ⅰ1. 大兴安岭寒温性针叶林亚地带 Ⅰ2. 大兴安岭西麓寒温性小叶林亚地带 Ⅰ3. 大兴安岭东麓温性阔叶林亚地带 Ⅰ4. 冀北山地暖温性阔叶林亚地带
Ⅱ.温性、暖温性森林草原地带	Ⅱ1. 大兴安岭东麓栎林草原亚地带 Ⅱ2. 大兴安岭西麓桦杨林草原亚地带 Ⅱ3. 大兴安岭南段桦栎林草原亚地带 Ⅱ4. 环松辽平原栎榆林草原亚地带 Ⅱ5. 阴山松栎林草原垂直带 Ⅱ6. 贺兰山松、灰榆、云杉林草原垂直带

续上表

地　　带	亚　地　带
Ⅲ. 温性、暖温性典型草原地带	Ⅲ1. 内蒙古高原大针茅、羊草、杂类草草原亚地带 Ⅲ2. 内蒙古高原大针茅、隐子草草原亚地带 Ⅲ3. 阴山北麓克氏针茅、杂类草草原亚地带 Ⅲ4. 松辽平原山杏—禾草杂类草草原亚地带 Ⅲ5. 赤峰黄土丘陵、本氏针茅、百里香暖温性草原亚地带 Ⅲ6. 内蒙古高原中部克氏针茅、隐子草干草原亚地带 Ⅲ7. 乌兰察布高原克氏针茅、冷蒿干草原亚地带 Ⅲ8. 东鄂尔多斯高原本氏针茅、白羊草暖温性干草原亚地带 Ⅲ9. 科尔沁沙地榆树疏林草原 Ⅲ10. 浑善达克沙地榆林草原 Ⅲ11. 毛乌素沙地柳湾、蒿丛草原 Ⅲ12. 库布齐沙生杂类草草原
Ⅳ. 温性、暖温性荒漠草原地带	Ⅳ1. 乌兰察布高原戈壁针茅荒漠草原亚地带 Ⅳ2. 狼山山地蒙古扁桃、小针茅草原垂直带 Ⅳ3. 鄂尔多斯高原短花针茅暖温性荒漠草原亚地带 Ⅳ4. 库布齐沙拐枣沙漠
Ⅴ. 温性、暖温性草原化荒漠地带	Ⅴ1. 乌兰察布高原红砂、沙生针茅草原化荒漠亚地带 Ⅴ2. 阿拉善高原绵刺、霸王、无芒隐子草草原化荒漠亚地带 Ⅴ3. 西鄂尔多斯高原四合木、半日花草原化荒漠亚地带 Ⅴ4. 乌兰布和油蒿、沙冬青沙漠 Ⅴ5. 腾格里梭梭沙漠 Ⅴ6. 龙首山北麓珍珠黏土荒漠亚地带
Ⅵ. 暖温性荒漠地带	Ⅵ1. 阿拉善戈壁泡泡刺、红砂砾漠亚地带 Ⅵ2. 西阿拉善戈壁普氏麻黄沙漠亚地带 Ⅵ3. 巴丹吉林沙拐枣、沙竹沙漠
Ⅶ. 干旱半干旱地带绿洲及灌溉农业区	Ⅶ1. 弱水冲积平原胡杨林绿洲 Ⅶ2. 河套冲积平原灌溉农业区 Ⅶ3. 西辽河冲积平原灌溉农业区

2 公路边坡概论

2.1 边坡分类及其特点

公路边坡类型划分是植被恢复的重要基础性工作之一。生态学的观点认为，在植物与其环境这一矛盾统一体中，一般来说，环境是比较稳定的并起决定性作用的，也就是说环境是主要矛盾方面。立地环境对植物的物种组成、结构、生产力起决定性的作用，因此，边坡类型划分必须以绿化用地上客观存在的立地环境本身作为基本依据。边坡类型划分目的是通过对坡面立地条件的分析研究，掌握坡面的环境特点，按其分异规律划分成不同类型，并因地制宜地研究其适生物种和栽培技术，制订合理的植被恢复措施，使坡面植被恢复获得最大的生态效益和经济效益。

表2.1-1是依据前人对边坡所进行的各种分类，将其中与坡面生态恢复工程有关的部分进行归纳后所给出的基于边坡生态恢复工程的坡面分类，可作为从生态恢复与重建的角度认识边坡特点的参考。

公路边坡分类表　　表2.1-1

分类依据	名　称	简　述
成因	自然边坡	由各种自然原因形成，按作用形式可分为剥蚀边坡、侵蚀边坡、堆积边坡
	人工边坡	由各种人为原因形成，按作用形式可分为挖方边坡、填方边坡
岩性	土质边坡	各类土壤(砂土、砂性土、粉性土、黏性土)，粒径<2mm的土壤颗粒含量达100%；以生土为主，有机物含量低，肥力较差
	岩质土边坡	各类含有岩石的土壤(飘石土、卵石土、碎石土、砾类土)，粒径>2mm的土壤颗粒含量超过50%或略小于50%；几乎不含有机物，肥力极差
	岩质边坡	各类风化岩石；无肥力
坡高	超高边坡	岩质(土)边坡坡高大于30m，土质边坡坡高大于15m
	高边坡	岩质(土)边坡坡高15~30m，土质边坡坡高10~15m
	中高边坡	岩质(土)边坡坡高8~15m，土质边坡坡高5~10m
	低边坡	岩质(土)边坡坡高小于8m，土质边坡坡高小于5m
起伏程度	平整坡	坡面基本平整，无较大凹凸
	凹凸坡	坡面凹凸不平，有较大坑穴
坡度	缓坡	坡度小于15°
	中等坡	坡度15°~30°
	陡坡	坡度30°~60°
	急坡	坡度60°~90°
	倒坡	坡度大于90°
稳定性	稳定坡	稳定条件好，不会发生破坏，可以直接进行生态恢复工程
	不稳定坡	稳定条件差或已发生局部破坏，必须处理使之达到稳定后才能进行生态恢复工程
	已失稳坡	已发生明显的破坏，不能进行生态恢复工程

注：引自周德培、张俊云著《植被护坡工程技术》，作者略有改动。

个别的边坡情况将影响到植被建植技术应用的可行性，如岩质边坡不能采取铺草皮技术，坡度较陡的边坡上不能种植乔木，不稳定边坡必须要采取工程防护措施等。几种边坡情况的分析见表2.1-2～表2.1-4。

边坡类型和基质状况　　表2.1-2

边坡类型	植物生长所需基质状况
土质边坡	一般坡面可直接作为植物生长基质，若土壤肥效贫瘠需要进行土壤改良或覆盖基质
岩质土边坡	一般坡面进行处理后可直接作为植物生长基质，若土壤肥效贫瘠需要进行土壤改良或覆盖基质
岩质边坡	需要在坡面上另行覆盖植物生长所需人工土壤

坡度和植物发育状态　　表2.1-3

坡　度	植被生长发育状态
缓于1:1.7 (30°以下)	可以恢复以乔木为主的植物群落。周边的本地种容易侵入，植物生长容易。如形成植被覆盖层，边坡表面几乎不发生土壤侵蚀
1:1.7～1:1.4 (30°～35°)	35°以下的边坡如果不做植物防护，周边植物的自然入侵可以形成植物群落
1:1.4～1:1.1 (35°～45°)	可以建造以草本覆盖地表，以中、低高度乔木为主的植物群落
1:1～1:0.8 (45°～50°)	可以建造由低矮乔木和草本构成的植物群落。如种植高大乔木，会带来坡面不稳定
陡于1:0.8 (50°以上)	如恢复以草本为主的植被，必须结合加固坡面的工程措施

边坡稳定性和防护措施　　表2.1-4

稳定性	防护措施
稳定边坡	坡度缓和时可只进行生态防护，坡度较陡时与工程措施相结合
不稳定边坡	生态防护＋工程防护
极不稳定边坡	生态防护＋工程防护

2.2　公路边坡的主要生态问题

要在人工坡面顺利完成植被恢复，必须解决地表基底稳定性、土壤重建与改良、植物群落及物种多样性和坡面水运动4个生态问题。

2.2.1　地表基底稳定性问题

保证地表基底的稳定性，是人工坡面植被恢复的前提条件。由于边坡是一个倾斜的土体，根据岩土力学原理，边坡及其表面的物体在重力和其他外力作用下总是存在一种向下运动的趋势，这种运动趋势就是边坡不稳定性。当各种力的作用达到平衡时，向下运动趋势受到抑制，边坡及其表面物体就处于稳定状态。而当这种力的平衡受到破坏时，向下运动趋势得以释放，边坡及其表面物体产生位移，处于不稳定状态。

地表基底不稳定包括表层不稳定、浅层不稳定和深层不稳定。表层不稳定指外力侵蚀不稳定带来的坡体表层水土流失、风蚀；浅层不稳定指坡面上的表层土体，在自身重力的作用下，总有一种向坡底运动的趋势，这种重力不稳定能引起坡体浅层失稳；深层不稳定指地下水位的变动以及地质结构的变化带来的不稳定。这几种不稳定之间存在着相互联系，表层（0～2m）不稳定促使坡面形成侵蚀沟槽，沟槽的进一步发育造成坡体浅层（2～5m）重力失稳，重力失稳的进一步发展又会引发地下水位的变化，给深层（＞5m）不稳定带来诱因。

地表基底稳定性问题主要考虑边坡表层的稳定性，即坡面土壤层是否稳定，如果坡面土壤层不稳定，植物生长发育的地表基底就要受到破坏，植物的生存受到威胁，坡面植被恢复也就难以实现。边坡表层或土壤层的厚度因坡质、坡度不同而有所差异，一般可以看成是木本植物根系在地下所能伸展的空间范围，一般在0～2m。在这样一个厚度范围内，通过一些简单的工程措施，如混凝土框格、窗式护面墙、锚杆挂网等，可以在某种程度上抑制降雨等带来的土壤侵蚀，使坡面土壤层处于稳定状态。随着植物根系的发育和枝叶的生长，这些工程措施与植物措施的防护效果融为一体，边坡表层的稳定性会得到进一步增加。从这个意义上来说，植物护坡的效果是有限的，主要是保证边坡表层的稳定，而对于边坡浅层和深层的不稳定性问题，更多的还是需要依靠锚索、防滑桩等土木工程措施来解决。

2.2.2 土壤重建与改良问题

土壤是植物赖以生存的场所，人工坡面植被恢复的基础工作是解决土壤重建与改良问题。对完全丧失土壤的人工坡面来说是如何重建土壤（客土、人工土壤），对残留有部分土壤的人工坡面来说是如何改良土壤。

自然土壤的厚度从几十厘米到几米，耕作土壤的厚度也有50～60cm，在人工坡面上无论是重建土壤还是改良土壤，要想在短期内完全恢复到原有自然土壤或耕作土壤的状态，几乎是不可能的。但从土壤的剖面（图2.2-1）来看，自然土壤表层的腐殖质层（A1层）和耕作土壤表层的耕作层，都是良好的团粒结构，而具有团粒结构的土壤其透气性、渗水性和保水性都很好，既有利于植物种子的发芽，也有利于植物根系的生长。因此，以自然土壤腐殖质层或耕作土壤耕作层的土壤结构为参照，以不同植物（草本、灌木、木本）生存所需最小土层厚度为标准，在人工坡面上重建土壤层或改良土层，是解决公路坡面土壤重建与改良问题的有效途径。

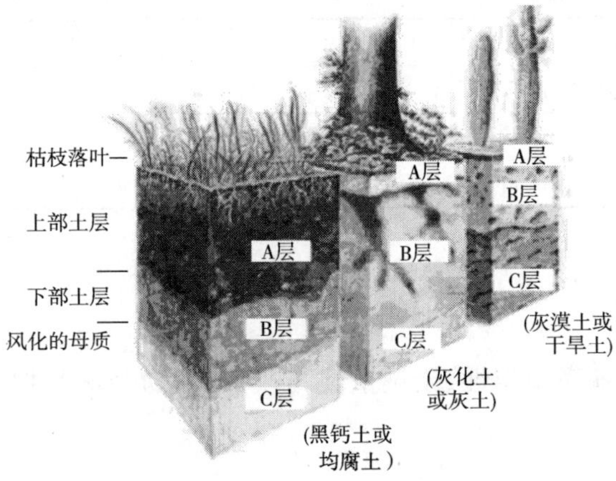

a)

b)

图2.2-1　自然土壤与耕作土壤的剖面特征

2.2.3 植物群落及生物多样性问题

构建什么样的植物群落，是人工坡面植被恢复的核心问题。在群落设计上需要遵循的主要原则有地带性或地域分异规律原则和群落演替规律原则。

植物是组成植被的单元，它的生长与分布取决于气候、地形和土壤等自然因素，特别是温度、降水及其因地形变化而产生的再分配即水热组合，对植物群落的类型特征起着决定性的影响作用。在自然因素（气候、地形、土壤等）的影响下，我国的植被分布主要表现出由北向南（纬向）、由东向西（经向）、由低向高（垂直）的变化更替，如针叶落叶林、针阔混交林、落叶阔叶林、常绿阔叶林、热带季雨林、热带雨林或灌丛植被、草原植被、荒漠植被等，即地带性分布规律。此外，还有以非地带性为特征的盐生植被、沼泽植被、水生植被等隐域植被的分布，它们呈斑点或条带状嵌入在地带性植被类型之中。在进行人工坡面恢复植被时，首先要考虑坡面所处地区的地带性植被是什么，构成这种地带性植被的植物群落类型有哪些，然后再选择与坡面立地条件相适宜的植物群落。一般来说，本地种（或乡土种）是最能够代表地带性植被的物种，多使用本地种对于构建适合当地环境的稳定的植物群落是非常重要的。

人工坡面植被的恢复过程也是植物群落的演替过程，原有植物群落在人类活动干扰下被破坏丧失，新植物群落——人工植物群落又在人类活动干扰下重新建立。而要使人工坡面植被恢复的效果能够长时间的稳定存在，新恢复的人工植物群落能逐渐向自然植物群落过渡，在进行植物群落设计时还必须要考虑植物群落的演替规律。根据生态学理论，群落的形成过程可简单地分为开敞或先锋群落阶段、郁闭未稳定的阶段和郁闭稳定的阶段。当一个先锋群落在裸地形成后，演替便会发生。一个群落接着一个群落相继不断地为另一个群落所代替，直至顶级群落。旱生植物群落的演替过程（干性演替）分为地衣植物阶段、苔藓植物阶段、草本植物阶段、灌木植物阶段、乔木植物阶段。其中从草本植物向灌木、乔木植物过渡中所出现的植物群落也称为先锋群落，最终形成的乔木植物群落（郁闭稳定）称为顶级群落。

尽管顶级群落是在当地自然环境下最稳定的植物群落，但构成顶级群落的树种初期生长极为缓慢，耐阴性强，而且在贫瘠立地条件下几乎不能生长发育，必须要通过先锋群落改变环境，形成一定厚度的肥沃土壤后，顶级群落才能发育生长。因此，在人工坡面植被恢复过程中必须遵循植物群落的演替理论，即从低级向高级、从先锋群落向顶级群落逐渐演变。恢复初期就将群落设计为顶级群落是很难成功的，期望一举建造顶级群落常常会导致欲速则不达的结果。如果人工已经在裸露的坡面上为高等植物的生育创造了良好的土壤环境，可人为地加速演替进程，演替可直接从草本群落阶段或草本灌木相结合的群落阶段开始。这里需要注意的是，人工坡面植被群落建造的最终目标是使其形成理想植物群落，而并非一定是顶级植物群落，真正顶级群落的形成，还是需要植物在当地自然环境背景的制约下，通过自身的竞争过程逐步完成。高成本条件下过度的人为干扰，不仅不能形成顶级群落，往往会导致植物群落逆向演替的发生，所栽植顶级群落物种最终也要被自然所淘汰。

一般认为群落的结构越复杂，物种多样性越高，群落也越稳定，并用香农—维纳多样性指数表示群落的稳定性。对于人工坡面植被恢复来说，在裸地直接建立起来的人工植物群落（草本植物群落、草灌植物群落等），如果能具有较高的物种多样性，理论上其植物群落的稳定性也会增加。但问题是物种之间的竞争能力差异较大，尽管在人工坡面植物群落建植施工时播撒了多种植物的种子，移栽了多种植物的苗木，但并不意味着这些种子都能发芽、这些苗木都能成活，特别是对于局部坡面来讲，往往只是部分种子发芽、部分苗木成活。其原因在于人工植物群落在与周边自然环境相适应的调整过程中会出现适者生存现象，竞争力强的种子和苗木会淘汰掉竞争力弱的种子和苗木，物种多样性的高低并不完全取决于初期投入的多少，更多的还是要靠后期周边物种的入侵。因此，在考虑人工坡面植物群落的物种多样性时，所用物种不宜过多，最好是把小范围内物种数量的相对简单与大范围内物种数量的相对丰富结合起来，这样既可以保证初期不同物种在坡面各局部的存活率，又可以为后期物种入侵、多样性增加创造条件。植物演替与绿化目标关系见图 2.2-2。

2.2.4 水运动问题

坡面水运动问题包括表面水运动、底层水运动和深层水运动，是指由大气降水所形成的径流、入渗和地下水位变化对人工坡面所带来的各种影响。表面水运动是指大气降水对边坡表面（人工土壤层表面）产生冲刷，由此造成土壤侵蚀并引发边坡表层不稳定；底层水运动是大气降水入渗到坡面人工土壤层后，如果其底部为不透水的岩石坡面，渗透水会在人工土壤层底部产生聚集并沿不透水面向坡下流动，由此造成人工土壤层的塌落；深层水运动是指暴雨等强降水引起边坡地下水位急升，由此造成坡体软弱面向下滑动（滑坡），或者由于土的剪切强度减少、间隙水压增大，从而带来坡面土体坍塌。

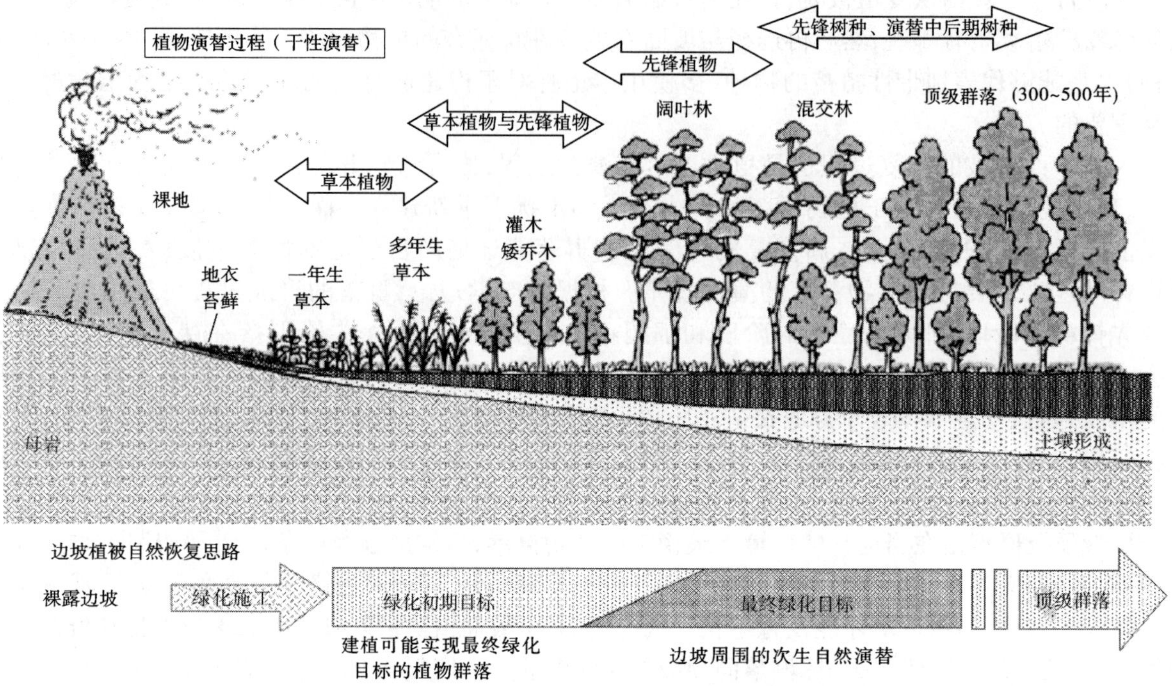

图 2.2-2　植被演替与绿化目标关系（引自日本绿化工学会）

表面水运动和底层水运动问题直接影响坡面人工土壤层的稳定，威胁坡面植物的正常生长发育，需要采用表面排水和底层排水等措施加以解决；深层水运动问题关系到边坡整体的稳定与否，需要采用地下排水工程措施加以解决。

由此可见，要在边坡上重建植被系统，达到坡面防护和生态恢复的双重目的，必须要增加坡面基底的稳定性、改良坡面土壤、通过播种或移栽等方法重建植物群落、改善排水条件减少坡面水土流失。而完成这些工作，仅依靠传统技术和方法很难实现，要依据生态学、土壤学、林学、农学、土木工程学、机械工程学的原理，利用土工材料与植物的结合，通过人工或机械的方法，在坡面构筑一个具有自生长能力的功能系统，在土工材料的辅助下，通过植物的根系固土，植物的叶茎和表皮蒸腾排水、防冲蚀和入渗，控制雨水和风对边坡的侵蚀，增加土体的抗剪强度，减小孔隙水压力和土体自重力，提高边坡的稳定性和抗冲刷能力，达到边坡护坡和生态恢复的双重目的。坡面水运动模式见图 2.2-3。

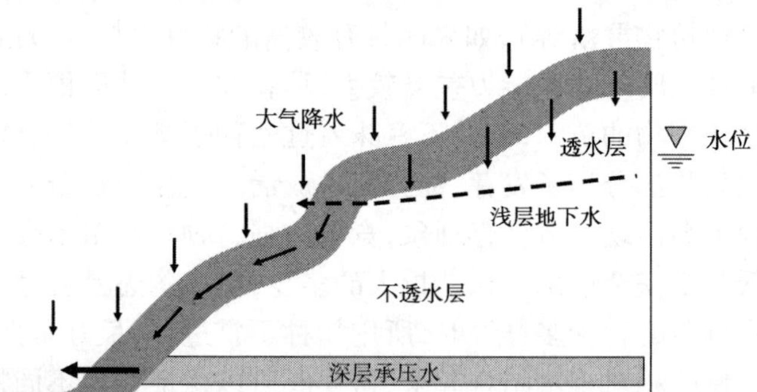

图 2.2-3　坡面水运动模式

2.3　公路边坡的生态恢复模式

生态恢复的目标是通过修复生态系统功能并补充生物组分而使受损的生态系统回到一个更自然的条件下，理想的恢复应同时满足区域和地方的目标。公路边坡生态恢复的主要目标有三个：一是保证边坡的表层稳定性，即防止边坡崩塌、碎石脱落、水土流失等现象，以确保公路上的行车安全；二是植物群落的恢复，最佳的效果便是恢复到近自然、可持续的状态，使其在整体协调性和生态效益方面都接近于周边的自然群落，以此来维护自然生态系统的平衡；三是满足景观美学的要求，可依据经济、政治、人文等方面的因素，科学地设计边坡植被恢复，以达到对公路景观的要求。

恢复模式是一个包括了预期的物理、化学和生物特征的生态恢复框架。我们以上述边坡生态恢复目标为基础，依据不同边坡的具体情况，将公路边坡的生态恢复分为下述四种模式。

2.3.1 自然恢复型

该种恢复模式下的边坡应具备以下条件：边坡稳定性较好，不会影响行车安全；当地植被系统良好，具有当地物种向坡面生境入侵的可能；边坡上的植物群落虽然受到一定程度的破坏，但土壤系统未受到破坏，不会产生严重的水土流失现象，且土层较厚，宜于周边植物的入侵和物种的发育生长。该类型边坡由于自身条件较好，在没有任何工程措施的帮助下，仅依靠当地物种入侵、土壤种子库自然发育等方式，便能够恢复到原地貌状态。该类型的公路边坡应该说并不多见，一般会出现在坡度较缓、植被生态系统较好的地区，且道路施工时还应采取适当的植被保护措施，即使这样，该类型的边坡也不会大量出现，只会有少数边坡具备上述特征。虽然该类型边坡可进行自然恢复，但我们仍可以通过采取封闭隔离等防止人为干扰的措施来保证其生态恢复进程。

2.3.2 人工辅助恢复型

该类型边坡在道路修建时所受到的破坏程度要严重些，不仅边坡上的植被群落受到了较大程度的破坏，土壤系统也受到了部分破坏，产生了边坡表层不稳定现象。这时，就需要通过采取适当的工程措施来修复土壤系统，并增强边坡表层稳定性，以确保行车安全。该种恢复模式所应具备的另一个条件便是边坡周边的植被系统较好，具有当地物种入侵边坡生境的可能。因此，人工辅助恢复的主要工作是修复土壤系统，即把周围自然环境的表土移到边坡上，并配合以一定的防止水土侵蚀措施，如覆盖防侵蚀网等。随着表土中植物种子的发芽生长，以及周边当地物种的入侵，坡面植被会逐渐自然恢复，并最终形成与当地环境相融合的坡面植被系统。人工辅助恢复重点是给边坡表层创造出一个稳定的环境，促进边坡依靠自然力量恢复成当地自然植物群落，因此，该种恢复模式也属于自然恢复。

2.3.3 人工恢复型

该类型边坡在道路修建时所受到的破坏最为严重，边坡上的土壤和植被系统完全被破坏。恢复时，首先要选取适宜的工程技术来重建人工土壤层，使其具有植被恢复所需要的养分和结构等功能。但人工土壤层的稳定性较差，暴雨、长时间连续降雨及干旱均会使其脱离边坡，因此就需要植被快速覆盖坡面以保证其稳定性。依靠当地物种入侵的自然恢复所需的时间尺度较大，不满足快速覆盖的要求，这时，需要人为设计和添加先锋物种，在重建人工土壤层的同时，强加到边坡的生境中，完成初期的边坡生态恢复。可见，在边坡生态恢复的初期，人为干预活动较强，整个边坡都存在人为痕迹。若人工土壤系统和植物群落设计合理，工程质量能够得到充分的保证，随着时间的延伸，坡面土壤—植被系统不断自我更新和演替，到了恢复的中后期，边坡将朝向近自然、可持续的生态系统方向发展。该类型边坡大量存在于实际工程中，也是路域生态恢复研究的重点内容。

2.3.4 景观要求型

位于城市内部及周边地区、风景名胜区、旅游路线上等区域内的公路边坡，一般出于政治、经济目的，不仅要进行基本的边坡生态恢复，还要满足特殊的景观要求。因此，该类型边坡的生态恢复工程不仅要具有护坡、改善环境的功能，还应具备满足景观特殊要求的功能，即在植物群落设计中要更多地考虑例如绿期、花期、形态等美学因素。该类型边坡可以是上述三种边坡中的任意一种，只不过因恢复的目标不同，所采取的设计方案和工程措施不同罢了。

2.4 常用植被建植技术边坡适用性分析

从边坡类型上来看，铺草皮、人工播种、人工移栽、液压喷播和纸质植生带等可适用于土质边坡；三维土工网、土工格室、客土喷播、六角形混凝土空心块植草等可适用于石质土边坡；植生基质喷播、连续纤维喷播、刚性骨架植草、混凝土预制件植草等可适用于岩石边坡。

从坡率来看，有机质喷播、连续纤维喷播、刚性骨架植草、混凝土预制件植草等可适用于1∶1.0～1∶0.8的边坡，其他技术可适用的坡率一般都在1∶1.0以下。表2.4-1、表2.4-2是不同路段适用的建植技术和各种建植技术适用的路段条件情况。

不同路段适用的国内常用建植技术　　表2.4-1

边坡类型	坡　率	边坡稳定性	护坡方法
土质边坡（包括路堤、路堑边坡）	>1∶1.5	稳定边坡	铺草皮、人工播种、纸质植生带、液压喷播、棉网状植生带、三维植被网
	1∶1.5～1∶1.0		棉网状植生带
		深层稳定边坡	刚性骨架植草
	1∶10～1∶0.8	稳定边坡	有机质喷播
	<1∶1.0	稳定性很差	钢筋混凝土框架内填土植草
石质土路堤边坡	>1∶1.5	稳定边坡	纸质植生带、液压喷播、棉网状植生带、三维植被网
	1∶1.25～1∶1.5		纸质植生带、液压喷播、棉网状植生带、三维植被网
		深层稳定边坡	刚性骨架植草
	1.25～1∶1.0	稳定边坡	棉网状植生带、客土喷播
		深层稳定边坡	刚性骨架植草
	<1∶1.0	稳定边坡	有机质喷播
		稳定性很差	钢筋混凝土框架内填土植草
石质土路堑边坡	>1∶1.0	深层稳定边坡	刚性骨架植草
	<1∶1.0	稳定边坡	有机质喷播
		稳定性很差	钢筋混凝土框架内填土植草
石质路堤边坡	>1∶1.0	深层稳定边坡	刚性骨架植草
	<1∶1.0	稳定边坡	有机质喷播
		稳定性很差	钢筋混凝土框架内填土植草
石质路堑边坡	>1∶1.0	深层稳定边坡	刚性骨架植草
		稳定边坡	土工格室植草
	<1∶1.0	稳定边坡	有机质喷播
		稳定性很差	钢筋混凝土框架内填土植草

国内常用建植技术适用条件 表 2.4-2

<table>
<tr><th>建植技术</th><th>适用边坡类型</th><th>适用坡率</th><th>稳定性</th><th>施工季节</th></tr>
<tr><td>铺草皮</td><td>土质边坡</td><td>>1:1.5</td><td rowspan="9">稳定边坡</td><td rowspan="3">春季、夏季和秋季可施工，适宜施工季节为春秋两季</td></tr>
<tr><td>人工播种</td><td rowspan="2">土质边坡石质土路堤边坡</td><td>>1:1.5</td></tr>
<tr><td>棉网状植生带</td><td>>1:1.0</td></tr>
<tr><td>纸质植生带</td><td>土质边坡</td><td rowspan="2">1:1.5~1:2.0</td><td rowspan="7">一般施工应在春季和秋季进行，应尽量避免在暴雨季节施工</td></tr>
<tr><td>液压喷播</td><td>土质边坡，土石混合路堤边坡</td></tr>
<tr><td>三维植被网</td><td>土质边坡，强风化岩石边坡、土石混合路堤边坡</td><td>>1:1.25</td></tr>
<tr><td>土工格室植草</td><td>泥岩、灰岩、砂岩等岩质路堑边坡</td><td>>1:1.0</td></tr>
<tr><td>客土喷播</td><td>土质边坡，石质土路堤边坡</td><td>1:1.0~1:1.5</td></tr>
<tr><td>有机质喷播</td><td rowspan="3">土质边坡，石质土边坡和岩石边坡</td><td>1:1.0~1:0.8</td></tr>
<tr><td>刚性骨架植草</td><td>1:1.0~1:1.5</td><td>深层稳定边坡</td></tr>
<tr><td>钢筋混凝土框架内填土植草</td><td>>1:1.0</td><td>稳定性很差</td><td>不受限制</td></tr>
</table>

3 人工土壤层设计与重建方法

3.1 基础材料

3.1.1 客土

所谓客土，是指非当地原生的、由别处移来用于置换原生土的外地土壤，通常是指质地好的壤土(沙壤土)或人工土壤，见图3.1-1。客土原是农林业上进行土壤质地改良的一种方法，是将栽植地点或种植穴中不适合种植的土壤更换成适合种植的土壤，或掺入某种栽培基质改善种植地点的土壤理化性质，也就是换土。

壤土(沙壤土)多数采用施工当地的天然土壤，例如农田土壤、森林土壤、草原土壤等，也可选用工程弃土或渣土，过筛处理后备用。这些土壤最好具有一定的肥力，含有氮、磷、钾、有机质以及植物生长所需的各种微量元素，pH值6.0~7.0，饱和密度0.5~0.6t/m^3。如果是黏性土壤，要适当掺入细沙；如果是沙性土壤，要适当掺入黏土。壤土用量一般为客土体积的60%~70%。

图3.1-1 客土

3.1.2 有机质

土壤有机质泛指土壤中来源于生命的物质，包括土壤微生物和土壤动物及其分泌物以及土体中植物残体和植物分泌物等。土壤有机质来源于高等植物、土壤动物、土壤微生物和施用的有机肥，它们在土壤中可以处于未分解状态、半分解状态和腐殖质状态。土壤有机质是土壤养分的主要来源，它能促进土壤结构的形成，改善土壤物理性质，提高土壤的保肥能力和缓冲性能，促进作物生长发育，还能有助于消除土壤污染。土壤有机质是配置人工土壤、改良客土等不可缺少的基本材料，主要来源有草炭[图3.1-2a)]、腐叶土[图3.1-2b)]、堆肥[图3.1-2c)]、饼肥、糠壳及锯木屑等。

a) b) c)

图3.1-2 草炭、腐叶土和堆肥

a)草炭；b)腐叶土；c)堆肥

草炭是由沼泽植物残体构成的疏松堆积物或经矿化而成的腐殖物；腐叶土是植物枝叶经过风化和在土壤中经过微生物分解发酵后形成的营养土；堆肥是作物秸秆、杂草树皮、生活垃圾、人畜粪尿等经堆积发酵所形成的腐殖质；饼肥是油料的种子经榨油后剩下的残渣；糠壳和锯木屑则是农林加工业的废弃物。使用这些有机质时，一定要注意它们的发酵程度，如果是处于未分解状态，最好是经过发酵后再使用，否则它们混在土壤中会自然发酵，发酵时所释放出来的热量和 CO 会对种子发芽及植物生长产生不良影响。

3.2 添加材料

3.2.1 土壤改良剂

土壤改良剂又称土壤调理剂，是一种改善土壤形状、提高土壤肥力、促进植物生长的物料。根据其材料性质可分为高分子类（如多糖类衍生物、木质素衍生物、腐殖酸物质以及人工合成的聚丙烯酰胺、氨基聚合物、聚乙烯醇类物质等）、有机类（如秸秆、壳质粗粉、绿肥、饼肥、堆肥、粪肥等）、矿物类（如沸石、珍珠岩、蛭石、海泡石、石膏、石灰、膨润土等）和其他类型（如城市污泥、炉灰渣、脱硫灰、土壤烧结物等）。坡面人工土壤配置加入土壤改良剂的主要目的是改良土壤性质，使之更适合于植物生长。例如为了改良土壤通透性而加入珍珠岩、蛭石、炉灰渣等；为改善酸性土壤而加入沸石、石灰和白云石等；为了改善碱性土壤而加入石膏、磷石膏等。当然，加入土壤改良剂也可以起到为植物提供养分的作用。

一般情况下，在材料选择时如果能够避免选择强酸性或强碱性土壤，坡面植被恢复工程中的土壤改良主要是土壤物理改良。常用的土壤改良剂有珍珠岩[图 3.2-1a)]、蛭石[图 3.2-1b)]、沸石、河沙、炉灰渣、贝壳碎粒、有机碳、保水剂[图 3.2-1c)]等。

a)

b)

c)

图 3.2-1 珍珠岩、蛭石和保水剂

a)珍珠岩；b)蛭石；c)保水剂

珍珠岩和蛭石都是原矿经过高温焙烧而成，化学性质稳定，具有无毒、无味、不燃、不腐烂等特点，作为土壤改良剂的主要功能是防止土壤板结，改善通透性，控制肥效等。珍珠岩和蛭石在使用时可两者选一，参考用量为土壤总量的 3% ~5%，直接掺入土壤即可。保水剂除了在土壤反复“吸收—蓄存—释放”供植物利用的水分，它还能吸收肥料、农药并缓慢释放，增加肥效、药效，改良土壤结构，促进土壤微生物发育，提高土壤有机物的周转利用率。选用保水剂时要综合考虑其吸水倍率、重复使用次数、寿命等指标，并不是吸水倍率越高越好，而是要吸水倍率适中（例如 100 ~200 倍）、重复使用次数较多和寿命较长（例如 4 ~5 年）。保水剂的使用方法为拌土、拌种、洒根等，根据施工方法的不同而有所差异（例如客土喷播时为拌土、液压喷播为拌种、幼苗移栽时为洒根）。保水剂用量随区域（半湿润区、干旱区等）、坡度（陡坡、缓坡等）、坡质（土质坡、岩石坡等）和施工方法的不同而变化，参考用量为：拌土0.1% ~0.2%（体积比），拌种 1.5 ~2g/m^2，洒根 10 ~20g/株。

3.2.2 土壤黏合剂

黏合材料可分为高分子聚合物类和无机类两种。

(1)高分子聚合物类黏合材料

高分子聚合物类黏合材料是指以超高分子量聚丙烯酰胺(PAM)为基础生产的土壤调理产品,属于人工合成的高分子长链聚合物,溶于水而不分层,无色无毒,分解产物为水、CO_2、氮气,对环境无害。这类黏合剂利用聚合物交联形成立体结构包裹和胶结土粒,使黏土粒子之间以及客土材料与坡面之间产生黏结,形成有效的抗水能力(图3.2-2)。高分子聚合物类黏合材料还具有提高土壤团聚力,减小土面与流水之间的摩擦;增强土壤团粒多孔性,提高水分渗透力;消除土面结皮,减缓土壤表面水分蒸发;吸附土壤养分(磷酸盐和硝酸盐),提高肥料利用率等功能。

a) b) c)

图3.2-2 高分子聚合物类黏合材料
a)原状物;b)掺水后;c)与土壤混合后

高分子类黏合材料是目前国内客土喷播的主流黏合材料,一般通过水溶液的作用使土粒子之间产生黏结,具有掺入量少、运输方便、施工方便、成本低、适用的土壤类型广、土壤早期强度高等特点。但其也有不足之处,主要表现为以下两方面:一是稳定性差,高分子类黏合材料所产生的土壤强度是建立在聚合物本身胶结能力上的,由于土壤的结构成分复杂,聚合物本身的稳定性较差,使用后通常是数月或一年左右就分解掉了,黏结作用不持久;二是对壤土和纤维含量较多的客土效果好,而对于质地略差、粒径较大的土壤来说,其黏合作用就不甚理想。

随着我国基础设施建设事业的发展,越来越多的边坡需要采用像客土喷播这样的方法进行坡面保护及植被恢复,由于这些土壤主要是取自施工地点周边的农田、林地、草地,如果都使用质地较好的壤土(沙壤土)的话,难免对施工地区周边的自然环境产生二次破坏,因此,减少客土对农田土壤、森林土壤、草原土壤的依赖,尽可能地使用工程弃土作为客土的基本材料,不仅可以提高资源利用率,减少对周边环境的破坏,还可以降低客土喷播的材料成本,提高客土喷播的技术普及率。要解决这一问题,开发新的黏合材料是关键措施之一,而无机类黏合材料就是值得注目的新型客土喷播用黏合材料。

(2)无机类黏合材料

无机类黏合材料是指以水泥和石灰为主的土质固化剂。他们的固土机理是结合土壤中的水分,形成胶凝成分来胶结土壤,堵塞土壤的毛细结构,从而达到一定的强度和稳定性。

水泥在建筑施工上的广泛应用使得它们自然成为固化土壤的选择之一,硅酸盐水泥、普通硅酸盐水泥都可以作为黏合剂用于客土喷播。由于水泥的碱性很强,为了防止土壤碱化,需要与可调节酸碱度的添加剂配合使用。使用水泥为黏合剂的客土喷播也被称为植被混凝土,土壤固化后具有较强的抗雨水冲刷能力,与岩石坡面也能紧密结合,在我国南方的客土喷播中得到了广泛应用。但水泥作为客土喷播的黏合材料也存在一些问题,例如固化土壤的早期强度不高;由于水泥的加入量较大(90~120kg/m^3 土),形成胶凝的过程会产生较大的形变,固化土容易干缩,形成裂缝,破坏结构,影响水稳定性;水泥的固化效果依赖于土壤的颗粒度和含水率(土壤粒径要小于10mm×10mm),在施工上对客土材料的选择产生一些限制。

为了提高无机类黏合材料的性能,增加早期强度,减少土体形变,近年来,以石灰、石膏、明矾等为主要成分的无机类黏合材料被开发出来。由于此类黏合材料中添加了无机盐类，能够促进钙钒石的生成，不仅可以粘连土体，还可以粘连土、沙、砾石的混合物，有利于将更多的工程弃土、渣土用于坡面绿化。这种水溶性无机类黏合材料被称为无机类离子型聚合物，使用这种黏合材料的客土喷播也被称为离子型客土喷播。

不论是有机类黏合剂还是无机类黏合剂，都要在水的参与下发挥黏合作用。有机类黏合剂遇水后形成溶胶体，通过胶结作用把土壤粒子黏结成稳固的团粒；无机类黏合剂遇水后发生化学反应，通过结晶作用把土壤粒子粘连在一起。客土的主要成分黏土与无机类黏合剂的主要成分钙在水的作用下发生灰化反应，随后与石膏相结合产生结晶效应生成钙矾石，钙矾石与 CO_2 接触发生氧化反应，使结晶效应进一步增强，最终将土体与岩石坡面紧密结合在一起。从黏合作用的持续时间上来看，有机类黏合剂的作用时间为几个月至一年，无机类黏合剂的持续时间是半永久的；从使用后土体收缩程度上看，使用有机类黏合剂会使植生基质或土体出现较大的干裂现象，而使用无机类黏合剂土体干裂现象较轻。因此，在双层喷射中，对客土层要使用无机类黏合剂（无机类离子型聚合物），而对有机质层可以使用无机类黏合剂，也可以使用有机类黏合剂。因为从抗雨水冲刷能力上来看，有机类黏合剂的防冲刷效果要略好于无机类黏合剂，而且从用量和成本上来看，有机类黏合剂用量少、成本低，无机类黏合剂用量多、成本高。

3.2.3 土壤肥料

坡面植被恢复的对象是含有乔、灌、草等不同植物种类的群落，不同植物的生长对营养元素的需求又有所差异，而不同肥料对植物生长发育的营养促进作用也不尽一致，因此建议在选用无机肥料时应使用复合肥，如磷酸二铵、尿磷钾肥等。如果植物群落的恢复目标是以木本植物为主，则恢复初期要尽量抑制草本植物的生长，此时应选用含氮较少、含磷较多的肥料，复合肥的氮磷钾养分配比可考虑 $N < P < K$；如果需要尽快形成坡面植被覆盖，则恢复初期要促进草本植物的生长，复合肥的氮磷钾养分配比可考虑 $N > P > K$。如果人工土壤的抗侵蚀能力较差，则掺入土壤中的肥料很容易随土壤侵蚀而流失，此时应多用速效肥；如果人工土壤抗侵蚀能力较强，土壤中又掺入了较多的有机肥料，此时应使用缓释肥或控释肥。缓释是指化学物质养分释放速率远小于速溶性肥料施入土壤后转变为植物有效态养分的释放速率，在生物或化学作用下可分解的有机氮化合物肥料通常称为缓释肥（SRF）；控释是指以各种调控机制使养分释放按照设定的释放模式（释放率和释放时间）与作物吸收养分的规律相一致，对生物和化学作用等因素不敏感的包膜肥料通常被称为控释肥（CRF）。使用缓、控释肥料可以提高化肥利用率、减少使用量与施肥次数、降低生长成本、减少环境污染、抑制植物病害，对降低施工成本、减少化肥的气态和淋洗损失、节能减排、环境保护等都有着重要意义。无机肥料的参考用量：一般情况下为 $2 \sim 4kg/m^3$，人工土壤层厚度小于 3cm 时为 $50 \sim 100g/m^3$。

有机肥料含有植物需要的大量营养成分，也含有多种微量元素，对植物的养分供给比较平缓持久，有很长的后效。有机肥还可以改良土壤性状，尤其对砂土、黏土和盐渍有较好的改良效果。此外，有机肥料还可使土壤中的微生物大量繁殖，提高土壤活性和生物繁殖转化能力。工程中常用的商品化有机肥料有：发酵鸡粪、蚯蚓肥、泥炭有机肥、豆粕鱼粉有机肥、生活垃圾肥等。此外，畜禽粪便和秸秆等经发酵处理所生产的堆肥、农家肥等也可以使用。有机肥的参考用量为 $0.5 \sim 1.5\ kg/m^3$。

选用肥料要十分慎重，用少了达不到效果，用多了既浪费又影响植物生长，科学的使用方法是测土施肥。也就是针对所用客土或渣土的质地和养分含量，结合植物种类及生长量，计算植物养分需求量与土壤的养分供给量之间的关系，再确定各类肥料的使用量。

3.2.4 植物纤维

植物纤维可选用由作物秸秆、树叶、树皮、木屑等制作的堆肥，也可以用经粉碎处理的草炭，或者麻质纤维、棕榈纤维、椰子纤维等。这些有机纤维要有一定的长度，以 2 ~ 3cm 为宜。不建议使用未经发酵处理的稻草或麦秸，因为这些未发酵物与客土混合喷附到坡面上后，在客土层中也要进行发酵，由此产生的热量和 CO_2 对种子发芽及根系生长过程带来不利影响，往往导致喷播失败。有机纤维的用量一般为客土体积的 20% ~ 30%。植物纤维尽管也是有机质，但用于坡面植被恢复工程的主要目的是增加土壤粒子之间的摩擦力和土体抗碱且强度，减少土壤干裂，防止土壤侵蚀。

3.3 土壤层重建方法

3.3.1 机械喷射

目前国内常用的机械喷射方法有客土喷射（干法客土喷射）和有机质喷射两种技术，它们均以压缩空气为动力，使用专用喷射机将物料通过高压气流（空气压缩机正常工作压力为 7.5MPa）喷附到坡面上。物料进入喷射机后其搅拌时间应在 2min 左右，以保证物料混合的均匀性。喷射前设备操作手必须与喷枪操作手进行相互确认后才能加压送料，双方要相互配合默契。喷枪操作手根据物料喷射情况向设备操作手提出调整压力的要求，设备操作手要根据这一要求及时调整压力。压力的大小要适中，压力过大会造成基质坚硬，影响出苗，压力过小会造成基质层疏松，自然沉降后达不到设计厚度要求。喷枪口要垂直于坡面，一般枪口距离坡面 1 ~ 1.5m，以保证物料能有足够的压力紧紧地附着在地表。喷枪操作手要根据空气压力的大小有规律地、匀速地移动喷枪口，或是上下往复移动，或是左右往复移动，保证喷射物能均匀地覆盖坡面，并且厚度均一。喷射物料要一次达到设计厚度，避免多次喷附（多次喷附会造成基材分层和表面板结，影响出苗）。在坡面表面起伏变化较大时，为避免喷附局部基材过薄，可根据坡面形状来确定喷附面的形状，不必要求喷附面过于平整。在喷附时要适时进行厚度检测，保证厚度达到设计要求。喷射时，要一边拉起网子一边移动喷枪，使物料能够进入到网材的下面，网材在客土层中的位置以处于中上层为宜，这样网材对客土的加筋作用明显，能真正起到防止基质层脱落的作用。喷附管长度以 200m 左右为宜，不可超过 300m，喷附管过长会造成压力不足，影响喷附质量。喷射的喷头及雾化水管见图 3.3-1。

a)

b)

图 3.3-1　喷射的喷头及雾化水管

a) 喷头；b) 雾化水管

(1) 客土喷射

要使客土稳定地存留在没有土壤层的坚硬坡面上，并且能保证植物的生长发育，必须要具备以下几个条件：

①良好的质地组成。黏粒、沙粒、纤维物的比例适中,团粒结构、通透性良好,有一定的黏性与坡面粘连在一起,结构稳定不宜流失。

②充足的养分含量。氮、磷、钾、有机质含量高,酸碱度适宜,保水性、保肥性强。

③适宜的土层厚度。根据设计物种的不同,有适宜乔、灌、草不同物种生长发育的厚度。

制作满足这些条件的客土,仅依靠自然土壤是不够的,还需要人工添加其他物质。如纤维材料,既可以增加客土中有机质含量,又可以防止土壤粒子散落;各类肥料(无机肥、有机肥),提供植物生长所需营养素;土壤改良材料(保水剂、黏合剂、土壤稳定剂),提高客土保水性,增强团粒结构和稳定性。

除了在客土组分上要进行改良之外,为了增强客土在陡坡(45°以上)附着的稳定性,喷射客土前需要在坡面上锚挂镀锌铁丝网或土工网,这些网材既可以防止坡面碎石脱落,又可以通过加筋作用使客土稳定并与坡面紧密结合。因此,客土喷播融合了土壤学、植物学、生态学、机械工程学、土木工程学的基本原理,是生态技术、机械技术与土工技术的有机集成,它以质地较好的壤土(沙壤土)为基础材料,配合以纤维物质、营养物质、土壤改良物质和植物种子,借助于机械提供的动力条件,以挂网喷射的方式均匀喷涂于坡面上,从而实现对坡面的保护和恢复植被。客土喷播示意图见图3.3-2。

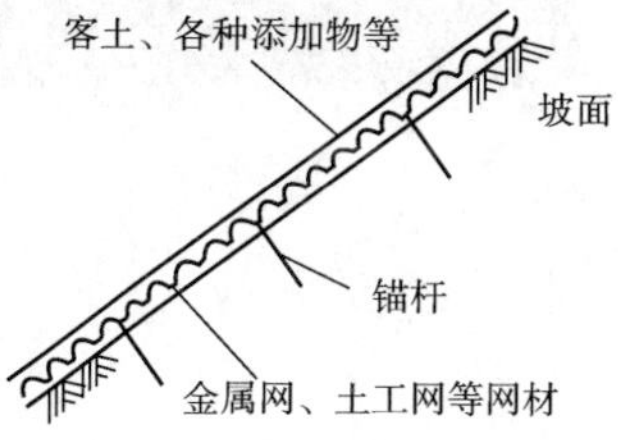

图3.3-2　客土喷播示意图

(2)有机质喷射

喷射基质的主要成分是有机质,如草炭、木屑或秸秆堆肥、植物纤维、腐殖土等,此外还添加有各类肥料(有机肥、无机肥、复合肥、缓释肥等)、土壤改良剂(蛭石、珍珠岩等)、保水剂、黏合剂等。为了保证基质在岩石坡面上的稳定性,有机质喷播在施工时要与高强度镀锌机编网锚固坡面结合在一起(图3.3-3)。锚固在边坡上的高强度镀锌机编网,既可以加固坡面防止碎石脱落,又可以与基质混成一体,起到加筋固定、防止脱落的作用。当植被在坡面形成覆盖之后,植物的根系与机编网纵横交错,在坡面上形成了一个由植物的叶、茎、根系和机编网所组成的具有三维空间的防护层,并与坡面紧密结合为一个有机整体,最终达到保护坡面、恢复植被的工程目的。施工后坡面防护效果示意图见图3.3-4。

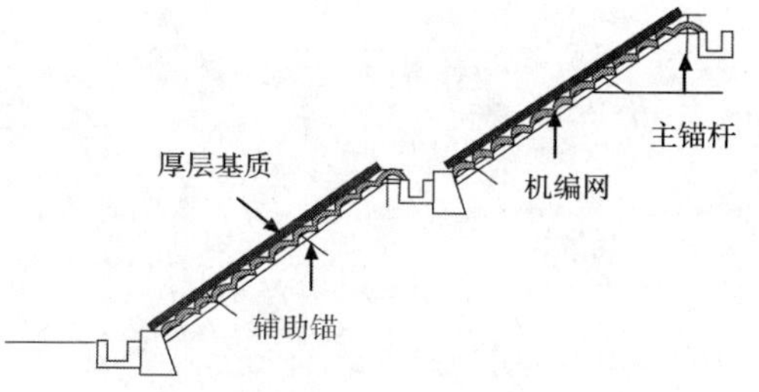

图3.3-3　厚层基质喷附施工断面示意图

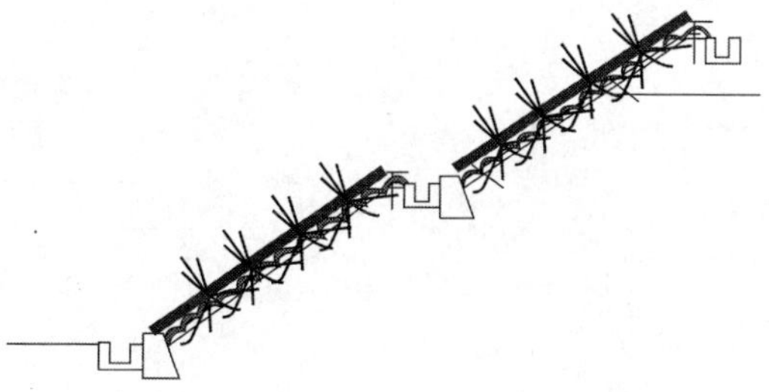
图3.3-4　施工后坡面防护效果示意图

3.3.2　人工回填

对于表层不稳定的边坡需要进行边坡表面工程防护后才进行生态恢复,其中框架工程为一种较为常见护坡工程。框架工程是在坡面制成框架,利用框架的作用防止框架内回填客土流失。主要用于无土壤或土壤不适于植物生长的边坡,需要从别处移入客土,以创造植物生长发育所需的土壤环境,见图3.3-5。

其中,人工土壤回填时需注意的事项有:先在坡面上浇洒一遍水,然后再覆土,其目的是为了起到保墒的功效,有利于植物的生长;回填客土时,要一遍回填一遍夯实,以保证土壤的紧实度,有利于防止水土流失。

a)　　b)

图 3.3-5　边坡人工土壤回填

4 植物群落设计与重建方法

4.1 植物护坡理论

4.1.1 植物防护与土木工程加固功能的比较

植物防护与传统土木工程加固相比，虽然材料及其强度不同，但在功能方面仍有许多相似之处。植物防护与工程防护的主要功能对比见表 4.1-1。

植物防护与工程防护的主要功能对比 表 4.1-1

主要功能	工程防护	植物防护	主要功能	工程防护	植物防护
坡面防护	片石护面、喷混凝土	坡面植被覆盖	锚固	锚杆	木本植物的根系
加筋	加筋土	草、灌植物的根系	排水	圬工渠	垂直或倾斜的排水活枝捆垛

在传统的边坡工程中，对边坡的处理主要是强调其强度功效，却往往忽视了其对环境的破坏。随着时间的推移、岩石的风化、混凝土的老化和钢筋的腐蚀，强度会降低，效果也越来越差，如图 4.1-1 所示。而采用植物防护则与此相反，开挖边坡形成以后，在其上通过植物的种植，利用植物与岩土体的相互作用（根系锚固与加筋作用）对边坡表层进行防护、加固，使之既能满足设计对边坡表层稳定性的要求，又能恢复被破坏的自然生态环境。

图 4.1-1 工程防护边坡坍塌

4.1.2 根系固坡的力学效应

植物护坡主要依靠坡面植物的地下根系及地上茎叶的作用护坡。对于土质边坡和破碎的岩石边坡，植物根系对边坡的锚固与加筋作用，是维持坡面浅层稳定性的关键。

(1)深根的锚固作用

植物的垂直根系穿过坡体浅层的松散风化层，锚固到深处较稳定的岩土层上，起到预应力锚杆的作用。在植被覆盖的斜坡上，植物相互缠绕的侧向根系形成具有一定抗张强度的根网，将根际土壤固结为一个整体；同时垂直根系的浅层根际土层锚固到深处较稳定的土层上，更增加了土体的稳定性。禾草、豆科植物和小灌木在地下 0.75 ~ 1.50m 深处有明显的土壤加强作用，树木根系的这种作用则可影响到地下 3m 甚至更深的土层。

(2)降低坡体孔隙水压力

降雨是诱发滑坡的重要因素之一，边坡的失稳与坡体水压力的大小有着密切关系。植物通过吸收和蒸发坡体内水分，降低了土体的孔隙水压力，增加了土体吸力，提高了土体的抗剪强度，有利于边坡的稳定。

4.1.3 植物防护的水文效应

坡面侵蚀状况往往决定于地面径流的强度，而地面径流强度却由地面状况、降雨分布和土壤上层的覆盖情况以及土层内部水分物理化学性质所决定，后者又常为基岩母质的风化程度、土壤发育、团粒及植被生长所决定，其中降雨超渗径流是形成土壤侵蚀的主要动力。而植被覆盖的坡地的抗侵蚀性得到强化，并且改善了坡面的小气候，使坡面生态趋向稳定和良性循环。植被的地上部分可减少或防止降雨对地面的直接撞击溅蚀,这对控制侵蚀和保防护面有重要意义。植物尤其是草本植物具有控制土壤侵蚀的能力,其通过降雨截留、径流延滞、土壤增渗、土层固结等作用,改善坡面小气候,减缓了土表侵蚀。

(1)降雨截留、削弱溅蚀

下落的雨滴打击坡面时,把动能传递给土体,产生的分裂力使土体颗粒分离飞溅。在滴溅过程中,雨滴动能越大,撞击分裂力越大,被溅出的土粒数量也越多。植被能拦截和分散高速下落的雨滴,减少滴溅能量及飞溅的土粒。一部分降雨在到达坡面之前就被植被茎叶截留并暂时储存在其中,以后再重新蒸发到大气中或落到坡面。

雨滴的溅蚀是雨滴对地面的击溅作用,它是水蚀的一种重要形式。降雨时雨滴从高空落下,因而雨滴具有一定的质量和速度,落地时产生一定的打击力量,裸露的表土在这种力量打击下,土壤结构即遭破坏,发生分离、破裂、位移并溅起。土粒能被溅至0.6m高及1.6m远,溅起的土粒落在坡面时,总是向坡下方移动的多。一场暴雨能将裸露地的土壤飞溅达240t/公顷之多,其中很多土粒随径流流失。

植被能够拦截高速落下的雨滴,通过地上茎叶的缓冲作用,消耗掉雨滴大量的动能,并且能使大雨滴分散为小雨滴,从而把雨滴的动能大大降低,当植被相当旺盛时,可以明显削弱甚至消除溅蚀。因此,植被通过截留作用降低了到达坡面的有效雨量,从而减弱了雨水对坡面土体的侵蚀。

(2)降低坡体深层孔隙水压力

降雨是诱发滑坡的重要因素之一,边坡的失稳与坡体水压力的大小有着密切关系。排水是防治土体坍塌、滑坡的有效工程措施之一。植物根系使土层相对疏松,下渗的雨水易于在此层内流动。植物的蒸腾作用使它们从下层土壤中吸取水分,从而减少土壤的含水率。植物的根系能延伸到地下几米,甚至十几米,分布在具有不同含水状态的土壤中,能把渗进土体很深的有效渗水吸出来。植物通过吸收和蒸腾坡体内水分,降低土体的孔隙水压力,增加土体吸力,提高土体的抗剪强度,有利于边坡体的稳定。下渗的雨水虽软化了土体,但此层土体因有植物根系的力学作用,总体强度较高。

(3)抑制坡面径流

地表径流带走已被滴溅分离的土粒,进一步可引起片蚀、沟蚀。植被能够抑制地表径流并削弱雨滴溅蚀,从而能控制土粒流失。通常情况下,土体的流失量随植被覆盖率的增加呈指数关系降低。

地表径流集中是造成坡面土体冲蚀的主要原因,土体冲蚀的强弱取决于径流流速的大小和径流所具有的能量。草本植物分蘖多,丛状生长,能够有效地分散、减弱径流,而且还能阻截径流、改变径流形态。径流在草丛间迂回流动,由直流变为绕流,增大了流程,流程增大,水力坡降减小,加上径流被分散和阻截,又减缓了流速。

因此,依靠覆盖的草本植物延长了地表径流流程,增加了雨水入渗。径流减少、流速减缓、冲刷能量降低,从而使土体冲蚀减弱。

4.1.4　植物防护的生态效应

公路在建设中占用了大量的土地,并且改变了原来的生态环境和植被及动物的栖息地。建设公路的同时,应尽可能最大限度地恢复被破坏了的生态环境,尽一切可能保护动物、植物的多样性,从这一点来看,植物防护的生态效应佳。公路生态恢复后其效益体现在以下6个方面。

(1)恢复被破坏的生态环境

边坡植物的存在为各种小动物、微生物的生存繁殖提供了有利的环境,完整的生物链又逐渐形成,被破坏的环境也慢慢地恢复到原始的自然环境。

(2)保持水土

为了保护路堑、路堤等边坡的稳定,可以利用植物材料进行防护,植物的根系纵横交织,十分发达,能有效地增加土壤机械固着能力,对提高防冲、防蚀能力,保持水土,稳固路基非常有效。它可截流,阻挡雨水直接冲击坡面,加大坡面的粗糙度,减少地表径流,防止路基变形及坡面坍塌。另外,路基的稳定与其含水率有很大关系,路基含水率过大,是造成路面破坏的重要原因之一。尽管在路基设计中,考虑到一定的排水和隔水的措施,但若把工程措施与生物措施结合起来,稳定路基的效果会更佳。因为植物的蒸发作用和毛细水管的输导作用,都大量消耗地下水,从而抑制了地下水的上升,增加了路基的强度和稳定性。

(3)调节净化空气,降低环境污染

首先,绿色植物在光合作用过程中能够吸收 CO_2,放出氧气,自动调节空气中 CO_2 和氧气的平衡,使空气保持新鲜。

其次,由于汽车排出了大量尾气,不仅污染环境,还会直接损害人体健康。而绿色植物能吸收大量有毒气体,对空气起到净化作用。

再次,空气中漂浮着大量尘埃,为细菌和病毒提供了生殖繁衍的场所,绿色植物对这些尘埃有良好的黏附作用,不易形成二次扬尘。同时一些植物如桧柏、臭椿等具有杀菌灭毒的作用,可创造一个比较清洁的环境。有些情况下,由于环境中的有机污染物种类繁多,成分复杂,因此,仅靠传统的微生物消除有机污染物是很困难的,而植物却具有修复功能,能降低环境负荷及减少污染循环。植物主要通过三种机制去除环境中的有机污染物,即植物直接吸收有机污染物、植物释放分泌物和酶刺激根区微生物的活性和生物转化作用、植物增强根区的矿化作用。

(4)降低噪声

汽车噪声是噪声公害的重要来源,公路绿化的目的也在于降低汽车噪声对环境所造成的危害。这是因为树木有散射声波的作用,能够把投射到叶片上的噪声分散投射到各个方向,造成声能消耗使其减弱;另外,枝叶表面的毛孔绒毛,能像多孔纤维吸音板一样,把噪声吸掉。如生长茂盛的野牛草,叶面积相当于它所占地面积的 9 倍左右,茂密的叶片形成松软而富有弹性的地表,具有类似海绵的吸声能力,降低噪声危害。据北京园林科学研究所测定,20m 宽的草坪可减少噪声 2dB。

(5)改善路况、美化路容

高速行驶的车辆,由于风流、摩擦、燃油能量转化,使环境的湿度降低,温度升高,恶化道路的小气候。应用植物防护,能调节小环境的温度和湿度,创造一种温暖适宜、湿润舒适的行车环境。有资料表明,当夏季气温为 27.5℃时,草坪表面温度为 22 ~ 24.5℃,比裸露地面低 6 ~ 7℃,比沥青地面低 8 ~ 20.5℃。不同树种具有不同的降温能力,主要决定于树冠的大小、树叶的疏密和叶片的质地。

通过公路两侧的绿化,使沿线乏味不雅观的环境得到改善,恢复了原有的植被景观。特别是四季交替变化的树木花草赋予了道路沿线不同的景观,不仅突显了道路线形的优美,而且给驾驶员和乘客提供了动态变化的视野景观,让乘客感到心旷神怡,同时可缓解驾驶员的视觉疲劳。

(6)防止光污染

高速公路车速快、流量大,夜间对向行驶的车辆由于前照灯相互对射的影响,极易造成驾驶员的眩目,对行车安全十分不利。利用中央分隔带植物防眩折光,既可节省资金,保障行车安全,又美化了公路环境。同时,汽车灯光会使高速公路附近住户和商户受到光污染干扰,如在公路两侧种植树木,就可降低光污染的危害。

4.1.5　植物防护的经济效益

根据现在常用的公路边坡生物防护工程技术特点和目前国内公路绿化预算造价的实际情况,可将公路边坡生态防护成本划分在 20 ~ 200 元/m^2 的范围内。比如,不加防护网只喷播植物种子进行坡面绿化,其成本约 20 元/m^2;而挂塑料网(不含植物基质,坡面只覆盖 3 ~ 5cm 的客土)再喷播植物种子进行坡面绿化,其成本 20 ~ 40 元/m^2;挂塑料网(含植物基质)再喷播植物种子进行坡面绿化,其成本 40 ~ 80 元/m^2;挂铁丝防护网(含植物基质)再喷播植物种子进行坡面绿化,其成本 80 ~ 200 元/m^2。而目前在边坡防护中采用的单纯浆砌片石护墙等人工构造物的单价平均是 75 ~ 200 元/m^2,合理使用生态防护可有效降低工程造价。

目前公路边坡植物防护工程成本很难控制,但是工程质量和效果与工程造价并不成正比,并不是造价越高工程效果就越好，因此要本着因地制宜、经济实用的原则进行施工。随着对生态防护技术的研究开展，在工程建设中优先采用植物防护，辅以适当的工程防护，可达到其防护效果与生态效益和经济效益的统一。

4.1.6 植物防护的局限性

植物防护在增加边坡稳定性、减少水土流失以及改善生态环境方面有着重大的积极作用，同时也应看到，在一定环境、一定条件下，植物防护也有负面作用。

(1)根系加固效应的局限性

根系加固效应的局限性首先表现在植物种类上，根系加固作用是显著的，但由于每种植物根系的特征不同，它对土壤的防护作用存在一定差异。

其次表现在植物根系的深度及密度的有限性上。植物的根系深度是不同的，对于草本植物，其总根数的90%集中分布在0～30cm的土层内，30～70cm土层内根数占总根数的8%，70cm以下土层仅占总根数的2%；而木本植物根系中，最深的主直根型，其到达的土层深度也只有3～5m。

植物根系的垂向分布受到植被种类、年龄及立地条件等多方面因素的影响，但根系密度随着深度的增加而急剧减少这一规律是普遍的。植物的粗壮根系及高密度区主要存在于地表以下1.5m，最大不过5m左右。根系对其存在的土体的力学加固效应是显著的，但这种效应仅存在于地表以下很浅的深度范围内。尽管某些深根性植物的根系可以到达地下5m，甚至5m以下的深度，但在这一深度范围，无论单根的直径，还是根系的总密度都已大幅度衰减，其加固效应已十分微弱。从根系的力学加固效应来看，植被对于遏制表层水土流失及部分浅层滑坡是有效的，但在对更为普遍、危害性也更大的边坡的深部滑动，其功效是十分有限的，同时这一结论也可以从大量植被发育斜坡的深层失稳事件中得到证实。

(2)植被对地下水补给的影响

蒸腾在地下水排泄中的作用是显著的。蒸腾会造成土体含水率下降，而砂黏土低含水率条件下的收缩—裂化行为，使得植被下的土体也会形成干裂缝。

植物生长过程中，由于根系—岩土体间的不协调变形，会在它们之间形成平行根系界面的管状虚脱。根系生长所产生的轴压将引起顶部自由的岩土体的膨胀与裂化。此外，植被根系腐烂后也会形成不同尺度的管状空间。

枯枝落叶层在促进降水入渗方面发挥着重要作用，它不仅可以防止雨滴击溅引起的土粒分散及表面结皮，同时还可以过滤泥沙，防止颗粒阻塞土壤孔隙。此外，枯枝落叶降解形成的腐殖质还可以使土体形成良好的团粒结构及结构性大孔隙。

相对于基质孔隙，上述干裂缝、膨胀裂缝及结构性孔隙等可以在岩土体中构成重要的大孔隙系统。由于这些大孔隙的上部往往是由处于半腐化状态的枯枝、落叶或含有枯枝落叶的土体构成，加之受到植被及新鲜枯枝落叶层的保护，具有相当程度的稳定性。降雨过程中，这些稳定的大孔隙内将形成流态复杂、对地下水补给极为重要的优先流，加快地下水获得补给的时间并加大补给量。

在植被不发育甚至无植被的土体中，也会不同程度地发育大孔隙系统，但由于缺乏有效保护，其水稳定性一般较差，降雨后不久就会逐渐消失。植被影响斜坡地下水补给的直观表现是土体渗透行为及地表径流特征的变化。植被发育地区良好的入渗条件使得地表径流十分微弱，甚至可以忽略，也就是说，降水除了拦截损失外，其他几乎全部补给了地下水，植被极大地优化了地下水的补给环境（补给量和补给进程）、提高了地下水的径流模量。

植被在斜坡地下水补给中的积极作用在调节区域水循环、遏制流域洪水灾害及面状水土流失等许多方面都是有益的，但对斜坡稳定却是极为不利的。降雨转化的地下水是斜坡蠕变、滑坡孕育及失稳最主要的诱发因素，排水一直是斜坡加固的重要手段之一，而主动排水，即将降水拦截在斜坡之外，又是斜坡排水的最有效方式，但不幸的是，面状发育的植被使得这种努力几乎成为不可能，土体不能迅速排除雨水，边坡将会发生整体性滑移。

4.2 植物物种选择

4.2.1 内蒙植被生态分区

在西部交通建设科技项目《西部地区公路建设中的环境保护对策研究》(2004 年)中,根据生态区划的原则、分级标准和命名方法,划出我国西部公路边坡绿化植物的生态分区图(图 4.2-1)。

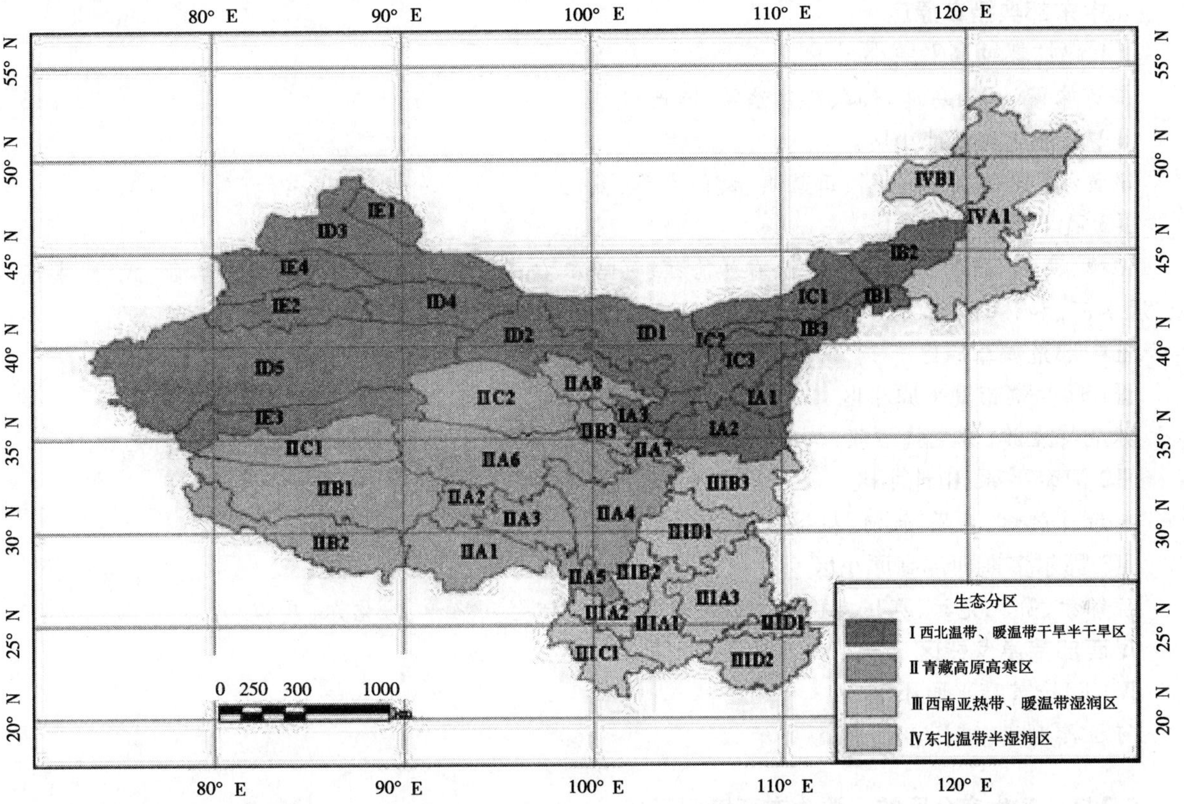

图 4.2-1 西部公路边坡绿化植物生态分区图

根据上述研究成果,结合本文的研究范围,内蒙古自治区公路边坡绿化植物的生态分区结果如图 4.2-2 所示。

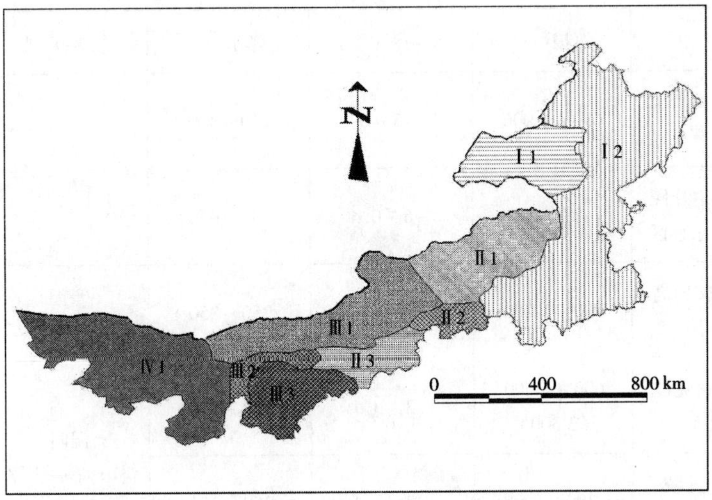

图 4.2-2 内蒙古自治区公路边坡绿化植物生态分区图

其中各生态分区的名称及所包含的地域名称如下所述：

Ⅰ东部草甸草原区

Ⅰ1 东北部高平原草甸草原小区

陈巴尔虎、鄂温克、海拉尔、额尔古纳、新陈巴尔虎左、新陈巴尔虎右、满洲里

Ⅰ2 东部山地丘陵草甸草原小区

牙克石、扎兰屯、扎鲁特、霍林郭勒、巴林右、巴林左、阿鲁科尔沁、林西、克什克腾、乌兰浩特、突泉、扎赉特、科尔沁右翼前、科尔沁右翼中、阿荣、鄂伦春、莫力达瓦达翰尔

Ⅱ中东部典型草原区

Ⅱ1 锡林郭勒高平原小区

东乌珠穆沁、西乌珠穆沁、锡林浩特、阿巴嘎

Ⅱ2 浑善达克沙地小区

镶黄旗、多伦、正镶白旗、正蓝旗、太仆寺旗、多伦

Ⅱ3 黄土丘陵北部小区

化德、商都、兴和、集宁、察哈尔右翼前旗、察哈尔右翼中旗、察哈尔右翼后旗、卓资、武川、丰镇、凉城、清水河、和林格尔旗、呼和浩特、和林、托克托旗、土默特左旗、土默特右旗、固阳、包头

Ⅲ中部荒漠草原区

Ⅲ1 乌兰察布高平原小区

苏尼特左旗、苏尼特右旗、二连浩特、四子王旗、达尔罕茂明安、乌拉特中旗、乌拉特后旗

Ⅲ2 河套平原、山地小区

乌拉特前旗、五原、临河、杭锦后旗、磴口、乌海

Ⅲ3 鄂尔多斯西部高原小区

杭锦旗、鄂托克旗、鄂托克前旗、东胜、达拉特旗、伊金霍洛旗、准格尔、乌审

Ⅳ西部荒漠戈壁区

Ⅳ1 阿拉善高平原小区

阿拉善左旗、阿拉善右旗、额齐纳

4.2.2 各生态分区的主要生态环境因子

经过对文献资料的查阅、整理和归纳，概括了各生态分区的主要环境特征，结果列于表4.2-1。

生态分区的主要特征一览表

表4.2-1

<table>
<tr><th>区</th><th>小　区</th><th>海拔(m)</th><th>年均温(℃)</th><th>年降水(mm)</th><th>气候类型</th><th>主要土壤类型</th></tr>
<tr><td rowspan="2">Ⅰ东部草甸草原区</td><td>东北部高平原草甸草原小区</td><td>650～1 000</td><td>-3～0</td><td>250～400</td><td rowspan="2">寒冷半湿润</td><td>山地灰色森林土、黑钙土、栗钙土、草甸土</td></tr>
<tr><td>东部山地丘陵草甸草原小区</td><td><2 000</td><td>-6～0.4</td><td>450～650</td><td>暗棕壤、暗棕黑土、黑钙土、栗钙土</td></tr>
<tr><td rowspan="3">Ⅱ中东部典型草原区</td><td>1 锡林郭勒高平原小区</td><td>900～1 200</td><td>-1～2</td><td>250～350</td><td>寒温半干旱—干旱</td><td rowspan="3">栗钙土、黑钙土、暗栗钙土</td></tr>
<tr><td>2 浑善达克沙地小区</td><td>600～1 600
(2 300)</td><td>1.3～3.1</td><td>250～350</td><td rowspan="2">温暖半干旱—干旱</td></tr>
<tr><td>3 黄土丘陵北部小区</td><td>1 300～1 600</td><td>1.3～3.1</td><td>250～350</td></tr>
</table>

续上表

区	小　区	海拔(m)	年均温(℃)	年降水(mm)	气候类型	主要土壤类型
Ⅲ中部荒漠草原区	1 乌兰察布高平原小区	1 100～1 400	1～4.7	180～280	温暖、干旱	棕钙土、盐化草甸土
	2 河套平原、山地小区	1 000～1 100	6.1～7.6	138～224		
	3 鄂尔多斯高原小区	1 100～2 000	5～9	150～250		棕钙土、灰钙土、风沙土
Ⅳ西部荒漠戈壁区	1 阿拉善高平原小区	800～1 300	6～9	100(30)～200(40)	温暖、极干旱	灰漠土、灰棕漠土

4.2.3 各区域中可供选择的植物物种

通过对内蒙古自治区各生态分区内适宜生长的乔、灌草种类进行甄别选择，并将结果列于表4.2-2。

各生态区域可供选择的乔、灌种类一览表　　表4.2-2

适生区域	适宜乔木(野生种及栽培种)	适宜灌木(野生种及栽培种)	草本植物
Ⅰ1	兴安落叶松，黑皮油松，樟子松，白桦，小青杨，小黑杨，白城杨，加杨，北京杨	柠条，小叶锦鸡儿，达乌里胡枝子，多色胡枝子，岩黄芪，沙棘	贝加尔针茅，大针茅，羊草，拂子茅，脚苔草，无芒雀麦，糙隐子草，冷蒿，线叶菊，扁蓿豆，肇东苜蓿
Ⅰ2	兴安落叶松，樟子松，白桦，小青杨，小黑杨，白城杨	珍珠梅，小叶锦鸡儿，褛斗叶绣线菊，达乌里胡枝子，尖叶胡枝子	大针茅，贝加尔针茅，披碱草，羊草，吉林老芒麦，扁蓿豆，线叶菊肇东紫花苜蓿
Ⅱ1	油松，樟子松，华北落叶松(大青山地区)，小叶杨，群众杨，小黑杨，北京杨，箭杆杨，旱柳，榆树，文冠果	柽柳，沙柳，小叶锦鸡儿，虎榛子，柠条，二色胡枝子，多花胡枝子，岩黄芪	大针茅，克氏针茅，沙生针茅，沙生冰草，扁穗冰草，西伯利亚冰草，蒙古冰草，中间偃麦草，披碱草，老芒麦，星星草，糙隐子草，赖草，草原1号苜蓿，草原2号苜蓿，准格尔苜蓿，甘农2号苜蓿，沙打旺，蒙古岩黄芪，草木樨状黄芪，达乌里胡枝子，尖叶胡枝子，冷蒿，铁杆蒿，线叶菊
Ⅱ2	黑皮油松，小青杨，小黑杨，白城杨(小美杨)加杨，小叶杨，白柳，榆树，黄榆，文冠果，山杏，沙枣	紫穗槐，沙柳，柠条，小叶锦鸡儿，山竹岩黄芪，杨柴，花棒	克氏针茅，沙生针茅，沙生冰草，扁穗冰草，蒙古冰草，赖草，沙打旺，草木樨状黄芪，扁蓿豆，糙隐子草，沙蒿，冷蒿，铁杆蒿

续上表

适生区域	适宜乔木(野生种及栽培种)	适宜灌木(野生种及栽培种)	草本植物
Ⅱ3	油松,华北落叶松(局部高海拔处),侧柏,杜松,刺槐,槐树,臭椿,榆树,小叶杨,小黑杨,青杨,杜梨,旱柳,香椿,元宝枫,花椒,枣树,楸树,文冠果	柽柳,紫穗槐,沙棘,杞柳,柠条,枸杞,野枸杞,虎榛子,山杏,油蒿,木地肤,岩黄芪	短花针茅,克氏针茅,冰草,蒙古冰草,扁穗冰草,无芒雀麦,中间偃麦草,老芒麦,赖草,沙打旺,草木樨状黄芪,蒙古岩黄芪,鹰嘴紫云英,红豆草,小冠花,陕北苜蓿,草原1号苜蓿,草原2号苜蓿
Ⅲ1	油松,青海云杉(高海拔处),侧柏,杜松,樟子松,山杨,小叶杨,群众杨,小黑杨,北京杨,旱柳,榆树,文冠果	柽柳,柠条,沙柳,小叶锦鸡儿,虎榛子,紫穗槐,沙棘,岩黄芪	石生针茅,戈壁针茅,克氏针茅,沙生针茅,沙生冰草,蒙古冰草,无芒隐子草,赖草,沙打旺,蒙古岩黄芪,准格尔苜蓿,沙蒿,冷蒿,铁杆蒿,蒙古蒿,女蒿
Ⅲ2	山地:青海云杉,华北落叶松(高海拔处),油松,侧柏,樟子松,白桦,山杨;平原:小叶杨,群众杨,北京杨,箭杆杨,旱柳,榆树	柽柳,沙棘,柠条,沙柳,虎榛子,紫穗槐,岩黄芪	短花针茅,克氏针茅,芨芨草,碱茅,拂子茅,吉生1号羊草,吉生2号羊草,赖草,草原1号苜蓿,草原2号苜蓿,碱蓬,碱蒿,沙蒿
Ⅲ3	樟子松,油松,小叶杨,二白杨 ,群众杨,小黑杨,新疆杨,旱柳,榆树	爬地柏,柠条,花棒,沙柳,柽柳,沙棘,枸杞,籽蒿	短花针茅,克氏针茅,芨芨草,无芒雀麦,沙生冰草,扁穗冰草,苇状羊茅,披碱草,赖草,百脉根,沙打旺,草原1号苜蓿,草原2号苜蓿,甘农1号苜蓿,甘农2号苜蓿,线叶菊
Ⅳ1	沙区:胡杨,梭梭,沙枣;绿洲、滩地:白榆,银白杨,美国白蜡	沙拐枣,沙冬青,黑沙蒿,白沙蒿,多枝柽柳,沙柳,柠条,花棒,合头草 ,假木贼,猪毛菜	沙鞭,沙米,戈壁针茅,沙生针茅,沙生冰草,无芒隐子草,红砂

4.3 植物群落设计

4.3.1 公路边坡植物群落的特点及主要类型

1)特点

基于上述分析所确定的狭义路域植物群落的概念,可以认为路域植物群落的基本属性是一种"人工植物群落"。人工植物群落是相对于自然植物群落而言的,自然植物群落是植物经过长期相互协调共存的配置组合,是植物间长期协同进化的结果,具有高度的稳定性。与自然植物群落相比,路域植物群落这种人工植物群落具有突出而鲜明的特点。

首先路域植物群落大多是在人为选择的调控下形成的,具有群落结构简单、系统稳定性与抗逆性差，建植后大多需要依靠大量人力、物力的投入对群落进行维护，成本较高，产生群落退化的风险较大；其次，受路域植物立地条件的限制和人为要求缩短植物群落建植周期（即所谓的短期见绿见效果）的传统心理的影响，路域植物群落往往偏重实现景观功能和公路交通安全保障功能，常常忽视了植物群落的生态功能，大量以草为主或过度追求景观效果的路域植物组合，既不能较好地改善路域生态环境，又不能高效能地降低公路交通带来的空气、噪声等环境污染问题。

2）基本类型

根据建群种的不同，路域植物群落大体可分为3种基本类型。

（1）草本植物群落

即由草本植物构成的植物群落，草本植物由于其前期生长快的特点，特别适用于表面侵蚀严重的坡面植被恢复。同时，在气候条件比较优越、土壤比较肥沃、周围自然植物种源比较丰富的区域，也可以首先进行草本植物群落的恢复，进而依靠植物的自然群落演替，最终实现木本植物群落。但是在公路施工过程中，由于开挖所形成的大量坡面，由于受土壤贫瘠（甚至无任何肥力）、坡度陡等因素制约，往往施工2～3年后草本植物群落就会开始退化，尤其是在气候条件比较恶劣的地区，这种草本群落退化的趋势尤为明显，因此，为了长期保证草本植物群落的正常生长，施肥和修剪管理等维护措施就显得十分重要。另外，大量研究与工程案例表明，与木本植物相比，草本植物的防止坡面崩塌作用十分微弱。

（2）木本植物群落

即由灌木或乔木单独或搭配组成的植物群落，根据木本植物高度和形态的不同，木本植物群落可以分为乔木植物群落、灌木植物群落及乔灌组合植物群落。木本植物，特别是豆科木本植物，不会由于施工时使用肥料的肥效丧失而出现衰退现象。木本植物深而庞大的根系能够很好地稳定公路边坡的坡体，起到良好的固土护坡作用。另外，先锋树种和绿肥树种往往能够与周围环境协调，有利于周围自然植物物种的侵入和定居。因此，有效地建立木本植物群落，不论是对于固土护坡还是路域景观恢复，都是最为直接有效的，并且通过建植木本植物群落，可以促进、加快植物的自然演替，并最终形成稳定、健康、高效、与周围景观相协调的植物群落。但是，由于木本植物的发芽条件要求比较严格，同时前期生长速度较草本植物慢，因此建植路域植物群落时，既要充分发挥草本植物的前期防护作用，又要兼顾木本植物的长期作用与效果，由草本植物和木本植物混合配置而产生的第三种植物群落类型的适用性更佳。

（3）草木搭配型植物群落

正如上文所论述的那样，单纯的草本植物群落和单纯的木本植物群落都有其自身的缺陷，不能最大限度地满足路域植物群落的功能，对于大部分路域生态环境的恢复而言，草木组合型植物群落是实现近远期防护、景观效果的理想类型。但是需要注意的是，由于草本植物与木本植物早期发芽和生长速度的差异，使二者之间具有相融性，这要求合理控制草本植物的密度，防止影响木本植物的生长，同时木本植物除采取建植方式外，还可以考虑栽植方式等。

4.3.2　植物群落设计

植物群落设计是公路边坡恢复的最关键技术之一，植物群落设计技术的核心是如何有针对性地选择施工路段、种植的植物物种及其组合结构。

1）原理

路域植物群落设计是指运用植物群落学原理，针对不同的路域裸地类型提出相应的植物配置组合方案，以达到保持水土、保护环境、促进公路交通安全并协调路容景观的作用。

2）目的

促进人工植物群落向当地稳定群落过渡是路域植物群落设计的主要目的。

3）原则

公路边坡恢复对植物群落的最基本要求有两点:一是要保证在路域裸地内建植的植物群落有较高的存活率;二是要使恢复后的植物群落具有稳定性和能够自我维持、更新的能力。要达到这样的要求,植物群落设计要遵循以下原则:

(1)因地制宜、适地适种原则

因地制宜、适地适种的含义有三点:一是要遵循植物地带性规律,按照当地的大气候特征和土壤特性选择物种,尽量选择乡土物种;二是要根据坡面的地形地貌、坡面组成物质的特征选择物种,如向阳坡和背阴坡应分别选择喜光耐旱(如高羊茅、无芒雀麦、白羊草)和喜阴不耐旱(多年生黑麦草、早熟禾、紫羊茅、披碱草)的物种,坡度较陡的岩石坡面可选择能攀缘生长的藤本植物,不同坡度的边坡设计不同类型的群落(表4.3-1);三是要考虑到后期管护的问题,选择抗逆性强、耐干旱、耐贫瘠的物种。

坡度和植物发育状态 表4.3-1

坡　度	植被生长发育状态
缓于1:1.7 (30°以下)	可以恢复以乔木为主的植物群落。周边的本地种容易侵入,植物生长容易。形成植被覆盖层的话,边坡表面几乎不发生土壤侵蚀
1:1.7~1:1.4 (30°~35°)	35°以下的边坡如果不做植物防护,周边植物的自然入侵可以形成植物群落
1:1.4~1:1.1 (35°~45°)	可以建造以草本覆盖地表,以中、低高度乔木为主的植物群落
1:1~1:0.8 (45°~50°)	可以建造由低矮乔木和草本构成的植物群落。种植高大乔木的话,会带来坡面不稳定
陡于1:0.8 (50°以上)	如恢复以草本为主的植被,必须结合加固坡面的工程措施

(2)物种多样性原则

把握物种多样性原则应注重以下三个问题。一是避免单一种的大量使用,尽可能地采用混播,例如采取禾本科与豆科、菊科混播,乔、灌、草混播等。二是注重地区(大范围)物种的"绝对"丰富和地段(小范围)物种的"相对"丰富,并要有周围环境中的物种,以便和谐统一,即整个地区的群落类型和物种数目尽可能地多,局部路段的物种数目相对稳定。例如植草的边坡,物种数目以3~5种为宜,这样可避免由于种间竞争,使初期投入的很多物种发芽后难以存活。初期投入适量的物种作为先锋种,先达到覆盖地表、为整个生态系统恢复创造条件的目的,然后经过4~5年时间的自然竞争淘汰,邻近的本地群落的物种不断侵入,最终逐渐形成具有当地地带性特征的植物群落。三是对外来种的引入要特别注意,确保生态安全。

当然,对于公路中央隔离带的植物群落设计而言,由于立地土壤环境狭窄,对植物群落的交通功能要求比较单一,不可能实现较多物种的组合,只能建立起较为单一的灌木+草本的植物群落。

(3)功能性原则

公路作为向社会公众提供公共服务的一种特殊产品,功能性是其基本属性之一,而作为公路组成内容的路域植物群落同样要求满足公路功能性的基本要求,这些要求包括交通安全功能、工程安全功能、生态安全功能及环境保护功能等。

交通安全功能主要是指建植后的路域植物群落能促进交通安全功能的实现,不能因植物群落的建植而带来交通安全隐患(该内容在本专题第二章中已有较充分的论述),如中央分隔带的植物群落主要就是起到防眩作用,提高公路交通的安全性。

工程安全功能主要是指通过路域植被的建植提高公路工程的稳定性,这主要体现在边坡植被群落对促进边坡稳定方面的作用,在进行植被设计时必须要考虑到护坡对植物的要求。这一要求体现为两方面:一是要求选用速生植物种,尽快在坡面形成植被覆盖层,因为只有当植被层迅速形成之后,外力对坡面的侵蚀才有可能因植被层的阻挡而被化解；二是要求选用根系比较发达的植物，因为发达的根系可以牢牢地抓住土壤，与植物叶茎的覆盖作用相结合，达到保护坡面的效果。

生态安全功能主要是指由于公路路域植被主要是在路域裸地上进行，而这种裸地极易成为外来植物生态入侵的场地和入侵传播的廊道，所以在选择用于恢复的路域植物时，应防止引入对当地生态系统产生入侵的物种，同时，应尽快使路域裸地恢复早期植被，减少外来物种入侵的可能性。

环境保护功能主要是指通过建植路域植物群落来实现减缓水土流失，降低由于工程施工或通车运营可能带来的各种交通污染，如施工扬尘、汽车尾气、交通噪声等。

(4)经济性原则

与城市人工绿地、采伐后恢复植被的林区等其他人工群落不同，公路路域植物群落具有立地条件差（如土壤经过搅动、土壤贫瘠、坡度陡、水气肥条件差）、群落沿公路线性分布、部分区域后期维护困难（如中央分隔带等）、投入资金有限等特点，这就决定了建植路域植物群落时要充分考虑经济投入，既要考虑初期的一次性成本投入，又要综合考虑建成后的后期维护费用之间的合理平衡，应当引入全寿命周期成本的理念来对待路域植被的建植问题，兼顾近远期的经济、社会与环境的综合效益。

(5)景观性原则

路域植物群落的景观性原则是指要考虑路域植被群落设计对公路的绿化美化作用。公路作为一种现代气息很浓的工业化产品，在提供便捷、安全的交通运输服务的同时，还应满足公路使用者的舒适性要求和观赏要求，某种程度上是一种人工景观，具有视觉形象上的美学要求。为实现这种观赏要求，可以利用植物的形状、颜色、花期、绿期、空间布局等特点，使恢复后的边坡植被既能与周围环境景观相融合，达到满足驾乘人员的视觉要求，又能减小空气污染，对道路起到指示、诱导、遮蔽等作用。

(6)植物自然驯化原则

这是目前公路绿化大的趋势，由于自然驯化时间漫长，可以先进行人工导入，为高等植物生育创造良好的生存环境，可人为地加快植物自然驯化的进程，一般经过人为活动后自然驯化可直接从草本阶段开始。

4.3.3 物种选择条件

根据上述原则，对比各类植物的生物学、生态学特点，选择人工坡面植被恢复工程所用植物物种的参考条件如下。

(1)抗逆性强

所选植物要具有优良的抗逆性。抗逆性是植物对各种胁迫（或称逆境）因子的抗御能力，简称抗性。它是植物在长期的进化和适应过程中所形成的优良性状，主要表现为抗寒、抗旱、抗盐、抗病虫害、耐热、耐贫瘠等。抗逆性强的物种容易适应坡面较差的立地环境，对土、肥、水的要求低，种植后不需要更多的养护。

(2)速生性好

速生性是指植物的生物体累积速度与数量的快慢，主要表现为萌蘖能力强、植株生长快、发芽早、落叶晚、根系发达、枝密叶茂等。不论是草本植物还是木本植物，都有速生性好的物种，例如草本的高羊茅，藤本的五叶地锦，木本的杨、柳、榆、槐树等。速生性好的物种能够尽快地在坡面形成植被覆盖，起到防止雨水侵蚀、改善景观的作用。

(3)安全性高

避免选择外来入侵有害植物和自身带有毒素的植物，保证施工地点的生态安全。入侵植物的生存能力非常强，一旦进入新环境后，会很快抢夺周围其他生物的生存空间和养分。植物毒素是天然存在于植物中的对人、动物有毒的一类物质，其成分包括非蛋白质氨基酸、肽类、蛋白质、生物碱及甙类等，具有很大生物活性。植物毒素又可能给人、动物和其他植物等带来疾病或危害。我国农业部、环境保护部都公布有入境植物检疫性有害生物名录和主要外来入侵物种名录，在选择物种时要注意对照这些名录，防止误选。

(4)绿期时间长

所谓绿期是指一年之中植物叶茎保持绿色的时间。针叶树种(落叶松等除外)四季常青，落叶树种中发芽早、落叶晚的植物绿期就比较长，冷季型草坪草(黑麦草、高羊茅、早熟禾等)经过修剪和施肥等处理，绿期可达280~300d。选择绿期时间长的植物，会使景观改善的效果更突出。

(5)种苗易获得

能否获得所选植物的种子或苗木，是衡量植物设计方案是否有工程可操作性的重要指标，特别是工程量较大的情况下，只有保证充足的种子和苗木供应，才有可能按计划完成坡面植被恢复施工任务。种子公司和苗木公司所经营的品种基本上是园林绿化长远的、市场上销售量较大的品种，而对于一些适宜在坡面种植的乡土物种，如果没有事先预定并且有较大的用量，是很难从市场上购得的。因此在物种选择时，要充分了解市场动态，采取预订、自行收购、自行育苗等方式，提前做好种子和苗木的准备，保障恢复工程顺利实施。

4.3.4 植物群落组合分析

在公路路域植物生态区划及物种选择的基础上，结合前述有关路域植物群落设计的有关研究内容，并参照本课题及其他有关课题已有的研究成果和文献报道，将部分适于我国西部各生态分区广泛推广的物种组合作为优先选择予以特别推荐(乔木主要用于路肩绿化和坡底固土，未进行物种组合)，见表4.3-2。

各生态区域适宜推广的物种组合 表4.3-2

生态区域	适宜的物种组合
Ⅰ1	小叶锦鸡儿 + 多色胡枝子 + 岩黄芪 + 贝加尔针茅 + 大针茅 +无芒雀麦 + 脚苔草 + 扁蓿豆(白城杨为路肩绿化植物)
Ⅰ2	小叶锦鸡儿 + 达乌里胡枝子 + 大针茅 + 羊草 + 吉林老芒麦 + 扁蓿豆 + 肇东苜蓿(白城杨为路肩绿化植物)
Ⅱ1	柠条 + 沙柳 + 岩黄芪 + 大针茅 + 蒙古冰草 + 赖草 + 草原1号苜蓿 + 达乌里胡枝子(小叶杨为路肩绿化植物)
Ⅱ2	柠条 + 沙柳 + 山竹岩黄芪 + 沙生针茅 + 沙生冰草 + 沙打旺(小叶杨为路肩绿化植物)
Ⅱ3	柠条 + 野枸杞 + 山杏 + 克氏针茅 + 蒙古冰草 + 赖草 + 蒙古岩黄芪 + 陕北苜蓿(小叶杨为路肩绿化植物)
Ⅲ1	柠条 + 沙柳 + 戈壁针茅 + 沙生冰草 + 准格尔苜蓿 + 无芒隐子草(榆树为路肩绿化植物)
Ⅲ2	柠条 + 沙柳 + 岩黄芪 + 克氏针茅 + 芨芨草 + 吉生1号羊草 + 草原1号苜蓿 + 碱蓬(旱柳、榆树为路肩绿化植物)
Ⅲ3	柠条 + 沙柳 + 克氏针茅 + 沙生冰草 + 苇状羊茅 + 百脉根 + 甘农2号苜蓿 + 油蒿(旱柳、榆树为路肩绿化植物)
Ⅳ1	沙拐枣 +花棒 + 沙蒿 + 猪毛菜 + 沙鞭 + 沙米 + 戈壁针茅 + 红砂

4.3.5 播种量与栽植密度

(1)初期设计覆盖度

公路边坡植被恢复的主要目的之一便是防止水土流失，具有这项功能的边坡要拥有一定的植被覆盖度，因此，边坡恢复中的初期设计覆盖度为多少合适呢？为了追求视觉效果、突出工作业绩，目前大多数高速公路绿化设计将边坡植被初期覆盖度设计得较高，有的甚至达到90%以上。较高的植被覆盖度固然可以防止水土流失、增强景观效果，但这种现象毕竟是一时之效，不能长久。

一般而言，植物护坡的主要机理是植物根系对土壤的固结和加筋作用。在粗放型养护的条件下，水分是制约植物生长和群落稳定的主要因素，而木本植物发达的根系和较低的耗水量，是其能在恶劣立地条件下长期稳定地生存的根本原因，这在北方半湿润、半干旱地区的岩质边坡更为重要。因为木本植物特别是灌木植物发达的根系能深入岩石缝之中获取更多的水分和养分，并促进岩石风化转变为土壤;较低的耗水量能使其更容易度过干旱期而存活下来,使植物群落能在干旱条件下得以维系。但以种子直播为特征的有机质喷播方法,在建植初期更有利于高发芽率和快速生长的草本植物发育,并使木本植物在水、肥、光资源的竞争中处于劣势,成功地抑制了木本植物的生长。建植当年草本的植被覆盖率可达70%~80%,甚至90%以上,但生长过于旺盛的草本植物会迅速地消耗掉人工土壤层中的养分和水分,给后期植被恢复带来了不利影响,从而导致在建植3~5年后坡面植物群落逐渐退化,植被护坡和生态景观重建的功能逐渐丧失,最终无法达到坡面生态恢复这一远期目标。

由此可见,合理的初期覆盖度将是边坡植被恢复成功的关键。我们在进行绿化设计时应首先进行现场调查,考察边坡周围的自然植被覆盖度。若设计值远超过自然覆盖度,则便是违背了自然规律,必然导致边坡植被的大面积退化。因此,我们建议设计值高于周围自然植被覆盖率10%左右即可。另通过试验证明,当边坡的植被覆盖度不低于60%时,具有一定的防止水土流失功能,可以满足公路交通行车安全的要求,因此,我们可把60%定为初期设计的下限。

(2)播种量及其计算方法

播种量的多少,与植物群落初期生长状态有关。播种量多,植物密度高,个体生长量小;播种量少,植物密度低,个体生长量大。对人工坡面植被恢复来说,播种量不能太高也不能太低,播种量过高会使坡面植物密度过大,容易造成水分和养分供给困难,导致群落退化;播种量过低会使坡面难以形成植被覆盖,容易发生水土流失。

决定播种量多数的因素包括期望形成株数、立地条件、种子特征、施工时期等。

期望形成株数是指实现目标群落所必要的单位面积植株数量,也就是播种后期望的发芽成苗株数。期望形成株数与自然环境背景和植物的单株营养面积有关。在内蒙干旱、少雨的气候条件下,自然植被覆盖度本身就很低,如果没有人工提供热量和水分,不可能期望形成密度较高的植物群落,期望形成株数一般在800~1 500株/m^2。

播种量求算以期望形成株数为基础。植物发芽、定居受植被基材喷附工程特征及喷附厚度、适宜植物、施工期、施工后的气象条件等多种因素的影响,因此,难以列出统一的播种量一览表。

另外,种子纯度受精选程度的影响较大。当木本植物精选不良而混有杂质时,应调查每克原状种子所含粒数。在求算播种量时,纯度为单位质量所含种子粒数。

下面介绍一下简单的物种播种量计算方法:

$$有效种子率 = 种子发芽率 \times 纯种率$$

$$实际播种量 = 理论播种量 \div 有效种子率$$

种子发芽率即每100粒种子中发芽种子数所占的百分比,纯种率即纯净种子所占的质量百分比。

混播植物种子用量计算:物种混播时能更有效地利用地面和空间,经验表明混播时种子用量应大于单播时种子用量,一般前者为后者的1.2~1.4倍。计算时,首先按计划比例算出各物种种子混播时的理论播种量,然后根据纯种率和种子发芽率算出各品种的实际播种量。

$$某一物种混播时理论播种量 = 该物种单播时理论播种量 \times 计划比例 \times (1.2 \sim 1.4)$$

$$某一物种混播时实际播种量 = 该物种混播时理论播种量 \div 该物种种子有效率$$

该种计算方法主要应用于人工的物种播种,而对于边坡上机械喷播技术中的计算方法和应注意事项将在后面的章节中介绍。

4.4　植物群落重建方法

4.4.1　种子直播

1)人工播种

人工播种是边坡植物防护的一种传统方法,即通过人工的方式将植物种子直接播撒在坡面上,以达到恢复植被、保护坡面的目的。

(1)技术原理

人工将种子播撒到边坡表面后,种子直接与边坡表层的土壤相接触,当土壤的温度和水分条件适宜时,种子就可以在土壤中发芽生根并生长发育,最终在坡面形成植被群落。

根据播种方式的不同,人工播种可分为撒播、条播和穴播3种方式。

①撒播

撒播是将种子(主要是草种)与拌料(如过筛壤土、肥料、保水剂等)搅拌均匀后,手工向坡面撒播。为防止种子被雨水冲下或者自然滑落,通常撒播后要覆盖土层,或者在撒播前松土或进行坡面土壤改良(施肥、加入客土等)。覆土的厚度一般以1~2cm为宜。

②条播

沿坡面挖水平阶地或水平槽,深度为5~10cm,槽内施入底肥(有机肥、混合肥)并在其上部覆盖2~3cm过筛细土,再将植物种子(草种、灌木种、乔木种)播撒到槽内,然后覆土、压实。水平阶地或水平槽之间的上下间距一般为20~30cm,也可按设计要求的间距开挖,见图4.4-1。

③穴播

沿坡面挖穴,穴的大小和深度因植物种子而异,草种的穴坑深度为5cm左右,灌木和乔木的穴坑深度为10cm左右。穴坑内施入底肥(有机肥、混合肥),底肥上部略微覆盖一层过筛细土,再播入植物种子,然后覆土、压实。

图4.4-1　蒙冀交界处的条播边坡

人工播种施工简单方便,不需要更多的机械设备或辅助材料。种子与土壤能够直接紧密结合,有利于植物发芽生长。人工播种可以根据坡面植物群落设计和种子生物学特征,随时调整播种方式或播种深度。

手工撒播一般要求有一定的经验,能将种子或种子与拌料的混合物较均匀地散开,播种时的步伐、手握种子量以及挥手力度等要基本一致,以便使种子分布均匀。在实际工作中,草籽撒播很难一次性播匀,所以通常采用分块、分量、掺砂等办法来提高播种的均匀性。

(2)适用坡质和坡度

一般情况下,人工播种适用于土质边坡,但如果设计要求不是很高的话,也可以用于石质土边坡。

撒播方法只是适用于缓坡,适宜坡度为30°左右,要求边坡土质较软。条播和穴播的适宜坡度可达45°左右。

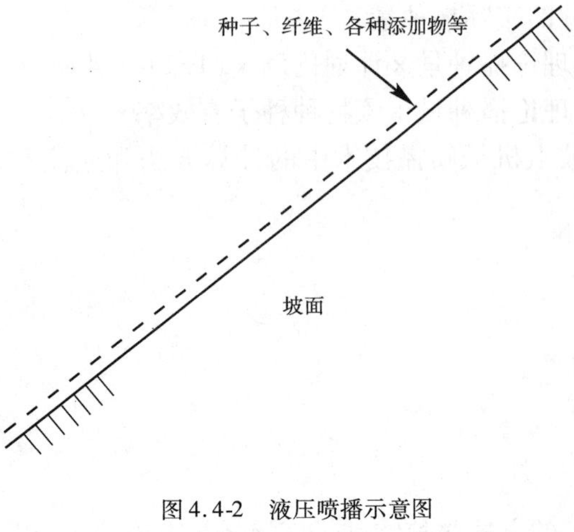

图4.4-2　液压喷播示意图

(3)播种量计算

可按照4.3.5.2章节内容计算。

2)机械播种

国内常用机械喷播技术有液压喷播、客土喷播和有机质喷播3种。

(1)技术原理

①液压喷播

液压喷播也称水力喷播、液体喷播、湿式喷播,是将种子、肥料、有机纤维、土壤改良剂、黏合剂、染色剂等与水充分混合后,用大功率喷射器将其喷射到平整好的坡面上并形成均匀覆盖层的一种高效绿化技术。液压喷播示意图见图4.4-2。

液压喷播是一种以水为载体的种子喷射播种方法,

其喷射物是混合浆液，由于其中加入了纤维物（例如木纤维等）、粒状物（例如种子、肥料等）、粉状物（例如黏合剂等）等，混合浆液具有一定的黏稠度和固体含量，从而使比重轻的种子不再飘浮。这是利用高浓度混合浆液中固体颗粒相互影响的干涉沉降现象，获取悬浮浆液以达到全过程均匀喷送种子和辅料的目的。当这种混合浆液喷射到土壤表面后，可在土壤表面形成一种均匀的毯状覆盖物，覆盖物依靠纤维的交织性和溶液的黏性相互连接并与土壤紧密结合，并且使植物种子外表层形成胶状膜。这种胶状膜既可以固定保护种子，防止水土流失，又可以为种子提供水分和养分条件，成为种子初期发芽生长的良好培养基。

②客土喷播

客土喷播是指使用专用机械设备（客土喷播机），将植物种子与客土、各种添加物均匀地混合在一起，以压缩空气或高压水流为输送载体，把混合物料喷涂于立地条件较差的边坡表面使之形成稳定的营养土层，以达到保护边坡、恢复植被目的的一种生态工程技术。

③有机质喷播

有机质喷播是将植物种子与人工配制的植物生育基质、防侵蚀材料等混合在一起，采用专用设备（灰浆喷射机），通过高压空气将其喷射出去附着在边坡表面的一种植被建植方法。

上述3种喷播技术的主要细节比较见表4.4-1。

喷播技术比较 表4.4-1

技术名称	材料	动力	设备	一般设计厚度
液压喷播	以水、种子、植物纤维为主	高压水流	液体喷播机	0～1cm
客土喷播	以客土、种子为主	湿法：高压水流	泥浆喷射机	1～5cm
		干法：压缩空气	灰浆喷射机	≥7cm
有机质喷播	以有机质、种子为主	压缩空气	灰浆喷射机	7cm

(2)适用坡质和坡度

①液压喷播

一般适用于土质路堤边坡，对于土石混合的路堤边坡，经覆土处理后也可以使用。对于填方型的土质路堑边坡，如果土质松软的话，也可以考虑使用。适宜使用液压喷播技术的边坡坡度为1:1.5～1:2.0，坡度超过1:1.25时应结合其他方法一起使用，例如铺设三维土工网并覆土后再实施液压喷播。

由于液压喷播对边坡表层土壤肥力等的改良作用有限，因此该技术用于土质较松软、土壤肥力较好的边坡时工程效果比较显著，如果用于坚硬的生土坡面，工程效果会受到较大影响。

②客土喷播

适用于包括路堤和路堑边坡在内的各类土质边坡、石质土边坡和强风化岩石边坡，如果与刚性框架等结构并用的话，也可以用于一般岩石边坡。

不挂网的客土喷播可用于坡度在45°以下的边坡，挂网客土喷播可用于坡度在60°以下的边坡，虽然也有个别工程在70°左右的边坡进行挂网干法客土喷播的尝试，但存在脱落现象。不建议在急陡边坡采用客土喷播技术。

③有机质喷播

适用于包括路堤和路堑边坡在内的各类土质边坡、石质土边坡和岩石边坡。

一般情况下适用坡度小于60°的边坡，如果用于坡度大于60°的边坡时，要结合刚性框架（水泥框架、预制件框架）等防止土层滑落的结构一起使用。不建议在坡度超过70°的边坡采用有机质喷播技术。

(3)播种量计算

播种量根据以下公式求算：

$$W = A/(B \times C \times D \times E \times F)$$

其中，W为一定的设计厚度条件下，单位施工面积植物种的播种量（g/m^2）。

A 为期望形成株数(株/m^2)。指实现目标群落必要的设计形成株数,表示播种后期期望的发芽成苗株数。种子发芽后,自然淘汰作用将使形成株数减少,趋向于建立适宜不同立地条件的合理密度。

B 为不同工程方法及喷附厚度的校正率。一方面,不同的植被基材喷附工程,由于其喷附材料的性质不同,导致植物发芽、成苗状态差异较大;另一方面,喷附厚度也同样制约着植物的发芽、成苗。因此,确定播种量之前,对采用植物在适用的植物基材喷附工程条件下,调查并分析喷附厚度和发芽、成苗之前的关系,确定其校正率。

C 为立地条件校正率。坡面土质、坡度、坡向等条件不同,影响发芽、成苗株数。校正率依工程方法特征不同而呈现不同的数值。在这里校正率仅考虑土质、坡度、坡向等影响,见表4.4-2。

立地条件校正率 表4.4-2

立地条件		校正率	
		草本植物	木本植物
坡度	>50°	1.0	0.9
	<50°	1.0	1.0
坡向	阳坡	1.0	0.8
	其他	1.0	1.0
土质	硬岩	1.0	0.9
	其他	1.0	1.0

D 为施工期校正率。适期施工时没必要考虑施工期校正率,在不适宜施工期间或难于施工期间进行施工时,必须确定其校正率,见表4.4-3。

施工期校正率 表4.4-3

施工期	校正率	
	草本植物	木本植物
6~9月	1.0	1.0
5、10、11月	0.9	0.6

注:12月~次年4月不适宜施工,难以实现绿化目标。

E 为种子发芽率。测定采用植物种子的发芽率。如发芽率为90%,采用数值0.90。

F 为单位重量的种子粒数(粒/g)。实际采用的种子,在含有杂质状态下的粒数。

4.4.2 苗木移栽

(1)传统移栽

移栽是指将苗木从生长地连根掘起,按设计要求将植株栽植到事先挖好的坑穴中的操作过程。

移栽是林业传统技术,在植树造林、荒山绿化、城市园林等领域有着广泛的应用。高速公路生态建设中的隔离带防护林、中分带绿篱、行道树等栽植工程也是以树木移栽为主的,但这些工程主要是移栽大树或者植株高大的花灌木,而对高速公路边坡来说,除非有特殊设计,否则不宜在边坡上移栽高大乔木。因为边坡土层薄、坡度陡,高大乔木移栽后不仅成活困难,而且容易倾倒,在坡面上挖大型坑穴还会诱发坡面水土流失,带来坡面不稳定。

坡面移栽的技术特征,表现为以下几个方面:

①以移栽灌木和矮乔木的幼苗为主,包括容器袋苗、营养杯苗、土球苗、裸根苗等。

②移栽时乔、灌木幼苗受损程度小，植株根系容易在坡面上扎根、生长、延伸，对坡面土体的加筋固土作用显著，有利于坡面稳定。

③移栽的幼苗已经木质化而且有较强的根系和一定的株高，可以与草本植物竞争光、热、水、肥等环境和养分条件，这样可以避免乔、灌、草种子混播时木本种子由于发芽生长慢而受草本植物欺压等的问题。

④移栽能在短期内使坡面上形成乔、灌、草共生的植物群落，能防止由于草本植物的早期衰退所引发的坡面植被退化问题，有利于坡面植被的稳定和群落演替，有利于减少后期养护工作量。

⑤移栽可以控制坡面木本植物密度，可以在坡面选择适宜部位栽植乔、灌木利于坡面生态景观的早期形成(图4.4-3)。

a)

b)

图4.4-3　坡面灌木移栽效果

(2)保育块苗移栽

所谓保育块是一种由专用材料制成的、有一定硬度的圆柱形土块，土块中间为空心，其间植入乔木或灌木种子(图4.4-4)。当种子发芽后，由于四周土壁硬度高，木本植物须根的侧向伸展受到保育块的束缚，而主根的发育受到促进，并在重力作用下向下方延伸，造成了主根粗壮发育、须根少但根系较粗的效果。这种强壮发育的主根，使木本植物能在更恶劣的立地条件下生存，避免了传统移栽、扦插所产生的主根不发育、须根发育，树木的重量全靠须根支撑的问题。将已经育好苗的保育块(种苗株高20cm左右，主根系被控制在保育块内)移栽到坡面上，由于保育块内部植物根系未受到损伤，移栽后一周左右主根就可迅速扎进坡面土壤并向垂直方向伸展，比较粗壮的须根也能迅速向坡面方向

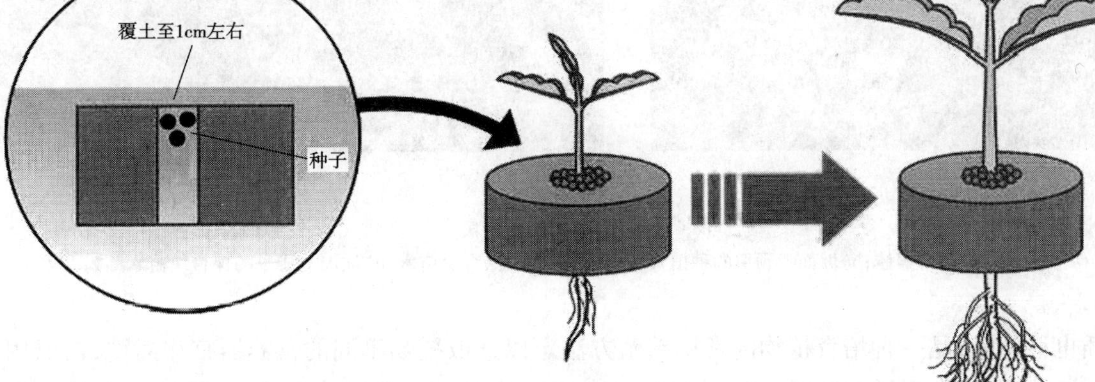

图4.4-4　保育块原理示意图

延伸并在坡面土壤层中形成网络状,而一定的株高又可以使乔灌木幼苗避免周边草本植物对它更多的阳光遮挡,乔灌木的幼苗完全可以与草本植物竞争,并最终形成以乔木或灌木为主、伴生有草本植物的稳定的植物群落,达到恢复植被、保护坡面、协调景观的多重目的。

保育块植物移栽技术的设计理念与操作方法均与传统的植被护坡工程技术有着很大的区别,见图4.4-5,它的主要特点如下:

①以坡面建植乔木和灌木为主要目标。

②用圆柱形、有一定硬度的土块作为植物生长基,将植物种子放入保育块中进行培育生长,保证了乔木和灌木幼苗的成活率。

③在植物生长到一定高度时再将其幼苗移栽到坡面上,保证了乔木和灌木在坡面生长的成功率。

④采用保育块技术育苗,可束缚木本植物须根的侧向伸展,而使主根的发育受到促进,进而形成主根粗壮发育、须根少但根系较粗的效果,并起到显著的坡面保护作用。

⑤保育块组成成分营养丰富,设计结构合理,完全满足植物初期幼苗生长及后期坡面生长的要求。

a) b) c) d)

图4.4-5 保育块苗木移栽

a)保育块苗木实体;b)坡面上预留的种植穴;c)移栽初期的保育块苗木;d)坡面上成长的保育块苗木

(3)扦插

扦插也称插条,是一种培育植物的常用繁殖方法。以选取植物不同的营养器官作插穗,按取用器官的不同可分为枝插、根插和叶插三类。在公路边坡植被恢复中常用的为枝插,枝插适用的种类最多,凡是柱状、鞭状、带状和长球形的种类,都可以将茎切成5~10cm不等的小段,待切口干燥后插入基质,插时注意上下不可颠倒。通常选择植株生长初期和中期扦插较为合适,休眠期和半休眠期不要扦插。在内蒙境内，一般冬季休眠的种类以4月中旬至6月上旬扦插最为适宜，而夏季休眠的种类在9月下旬至10月上旬进行为好。扦插绿化边坡见图4.4-6。

a)　　b)

图4.4-6　扦插绿化边坡

4.4.3　工程单价预算

为了便于相关的设计人员和管理人员了解不同建植技术的工程造价，本小节在总结“半干旱地区公路岩质边坡生物恢复加固技术研究”课题中工程案例的基础上，列出了目前国内常用的几种技术于2010年的工程单价预算，鉴于地域差异及经济发展所带来的材料费、用工费等的变动，以下所列出的技术单价数目仅供参考。

（1）液压喷播（表4.4-4）

液压喷播技术单价参考表（单位：元/m^2）　　表4.4-4

费用项目	项目内容	单位	单价	数量	合计
材料费	混合种子	kg	20.00	0.03	0.60
	有机纤维	kg	5.00	0.20	1.00
	保水剂	kg	35.00	0.005	0.175
	肥料	kg	50.00	0.002	0.10
	高分子黏合剂	kg	40.00	0.005	0.20
	染色剂	L	20.00	0.01	0.20
	水	m^3	5.50	0.04	0.22
	小计				2.40
机械运转费	喷播机	台班	1 000.00	0.001	1.00
	小计				1.00
人员费	管理人员	人工日	100.00	0.001	0.10
	作业人员	人工日	80.00	0.002	0.16
	小计				0.26
养护浇水费（3年）					10.00
管理费、设备进场费、税金等				按18%计	2.46
合计					16.12

(2)客土喷播(表4.4-5)

客土喷播技术单价参考表(单位:元/m²)　　表4.4-5

费用项目	项目内容	单位	单价	数量	合计
材料费	混合种子	kg	20	0.15	3.00
	客土	m^3	40	0.15	6.00
	缓释肥料	kg	40	0.10	4.00
	复合肥料	kg	5	0.15	0.75
	有机肥	kg	0.40	0.30	0.12
	高分子黏合剂	kg	40	0.02	8.00
	保水剂	kg	35	0.03	1.05
	镀锌金属网	m^2	6.5	2.40	15.60
	主锚杆	根	3	1.00	3.00
	辅锚杆	根	1.5	2.00	3.00
	无纺布	m^2	0.80	1.10	0.88
	水	m^3	5.5	1.60	8.80
	小计				54.20
机械运转费	喷附机	台班	1 000	0.005	5.00
	内燃空压机	台班	1 000	0.005	5.00
	发电机	台班	300	0.005	1.50
	小计				11.50
人员费	管理人员	人工日	100	0.01	1.00
	作业人员	人工日	80	0.05	4.00
	小计				5.00
养护浇水费(3年)					15.00
管理费、设备进场费、税金等				按18%计	15.43
合计					101.13

(3)有机质喷播(表4.4-6)

有机质喷播技术单价参考表(单位:元/m²)　　表4.4-6

费用项目	项目内容	单位	单价	数量	合计
材料费	混合种子	kg	20	0.15	3.00
	客土	m^3	40	0.17	6.80
	草炭土	m^3	400	0.08	32.00
	缓释肥料	kg	40	0.10	4.00
	复合肥料	kg	5	0.15	0.75
	有机肥	kg	0.40	0.30	0.12
	高分子黏合剂	kg	40	0.02	8.00
	保水剂	kg	35	0.03	1.05
	镀锌金属网	m^2	6.5	2.40	15.60
	主锚杆	根	3	1.00	3.00
	辅锚杆	根	1.5	2.00	3.00
	无纺布	m^2	0.80	1.10	0.88
	水	m^3	5.5	1.60	8.80
	小计				87.00

续上表

费用项目	项目内容	单位	单价	数量	合计
机械运转费	喷附机	台班	1 000	0.01	10.00
	内燃空压机	台班	1 000	0.01	10.00
	发电机	台班	300	0.01	3.00
	小计				23.00
人员费	管理人员	人工日	100	0.02	2.00
	作业人员	人工日	80	0.10	8.00
	小计				10.00
养护浇水费(3年)					15.00
管理费、设备进场费、税金等				按18%计	24.30
合计					159.30

(4)保育块移栽(表4.4-7)

保育块苗木单价参考表(单位:元/个) 表4.4-7

费用项目	单价	费用项目	单价
材料费	1.5	施工费	2.5
制作费	1.0	管护费	0.5
种子育苗费	2.5	合计	10.0
运输费	2.0		

5 养护管理

5.1 施工期养护管理

5.1.1 施工前防水处理

在施工作业前对坡头做简易防水处理，以防止坡面植被建植初期的流水冲刷，原则是避免汇水，减少对坡面以外地区的二次破坏，如有破坏及时进行撒播草种恢复，避免水土流失。

5.1.2 挂保墒覆盖物

在半干旱地区经常使用的保墒覆盖物一般为遮阳网或无纺布，在风大的地区建议使用遮阳网。采用遮阳网保墒比采用无纺布、草帘子等覆盖保墒有三点好处：一是遮阳网强度高，施工简便，可多次回收重复使用；二是遮阳网既能降低土壤水分蒸发，又不妨碍大气降水对土壤水分的补充；三是有一定的阳光能够透射到幼苗，保证幼苗正常生长（覆盖无纺布、草帘子的幼苗根部发白，像豆芽菜一样，不够健壮）。实验结果表明，在初期土壤水分近于饱和的条件下（土壤湿度为 0.9），覆盖无纺布可使土壤湿度降至 0.3 以下（植物的生长发育困难的土壤湿度界限）的时间推迟 10d，覆盖遮阳网可推迟 20d，覆盖草帘子可推迟 23d（图 5.1-1）。

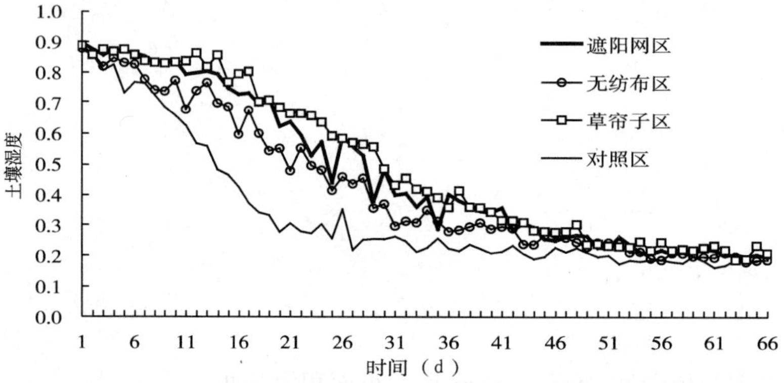

图 5.1-1 不同覆盖条件下土壤湿度随时间变化

鉴于半干旱地区蒸发量较大，要求在坡面作业完成后及时悬挂保墒覆盖物，如图 5.1-2 所示，坡面全部覆盖不可裸露，铺设时考虑风向因素铺设牢固。在春季施工时可用无纺布加遮阳网的方式进行保墒覆盖，有利于坡面保温和种子发芽出苗。

去除覆盖物时间可根据坡向和季节的不同而有所不同。建议禾草高 3 ~ 5cm、豆科高 2 ~ 4cm（生真叶前）时去掉覆盖，过早不利于坡面保墒，过晚会阻挡幼苗发育。

5.1.3 浇水养护

施工后在无自然降雨情况下，第一次浇水建议在 12h 内完成，最长不宜超过 24h。初次浇水宜浇足，喷头喷射的水流要有足够的雾化以保证坡面浇水均匀，亦可避免在坡面上形成冲蚀，如图 5.1-3 所示。坡面上部浇水量应大于坡面下部，在喷附后到禾本科出全苗前一定要确保坡面水分供给。浇水时间应控制在 10:00 点之前或 15:00 以后，避开一天中最热的时间，但特殊情况可权宜考虑。

a) b)

图 5.1-2 保墒覆盖

a) b)

图 5.1-3 雾化浇水养护

在去除保墒覆盖物后 3d 内，因苗幼小，对干旱敏感，浇水量应保持不变，待幼苗适应无防护后再酌情减少用水量。去除覆盖物之后，浇水量应根据坡面需水情况而定，如有缺水，应及时补充。每次浇水量要充足，阳坡用水量应有所偏重。当豆科长出 3 ~ 4 片真叶、禾草 7 ~ 10cm 高时，可做停水处理。合理断水，对苗的生根有利，能起到蹲苗作用，同时控制草丛高度，加强植物抗逆性。

5.1.4 其他管护措施

施工养护工作除了浇水外，还要防治病虫害。在干旱地区病害一般较少，主要有霜霉病、褐斑病等，多出现在雨水较好的七八月份，一般不严重，可不去处理，主要以防治虫害为主。虫害主要来自鳞翅目幼虫，这类昆虫多为植食性，啃食豆科叶片。小面积零星虫害出现时，应密切观察，如面积再扩大，可采用福尔马林、乐果等常用农药灭杀即可。另外，冬春季气候干燥，坡面上的枯草很容易遇火种而燃烧，要注意防火。

5.2 交工后的养护管理

对于非施工期养护一般分为四个阶段，各阶段的时间及工作内容如下。

5.2.1 返青期养护

(1)返青期时间

植被开始返青生长，内蒙地区一般为 3 月和 4 月。

(2)工作内容

①返青水浇灌(图 5.2-1)。在返青期内前 10d 为宜，水分一次浇灌充足，阳坡先于阴坡，用水量

40 ~ 50m^2/t。

②枯草层处理(图 5.2-2)。浇灌前用耙子将坡面宿存枯草层清除,可减少水分浪费,利于种子下落,同时还能起到一定的疏松表层土壤的作用。

③保障坡面安全。防火、防牲畜、防止人为破坏。

图 5.2-1　返青期浇灌

图 5.2-2　去除枯草

5.2.2　生长期养护

(1)生长期时间

返青期后植物进行营养积累和生殖生长阶段,内蒙境内一般为 4 ~ 10 月。

(2)工作内容

①坡面浇灌。干旱年份阳坡补水 2 ~ 3 遍,每次用水量 60 ~ 70m^2/t,阴坡补水 1 ~ 2 遍,每次用水量 60 ~ 70m^2/t。正常年份阳坡补水 1 ~ 2 遍,每次用水量 60 ~ 70m^2/t。阴坡不需补水。湿润年份,可不进行补水。

②保障坡面安全。主要是防流水、防火、防牲畜、防人为破坏,其中重点为防止坡面雨水的汇流,每月检查防水设施,在大雨前加查一次。

③病虫害防治。要求及时发现,及时处理。坡面虫害如图 5.2-3 所示。

④杂草防除。可根据对景观的要求进行刈割或拔除。护坡杂草只限定为影响坡面景观、植株高大、根系较浅、大量消耗坡面养分但无明显护坡作用的一年生草类,主要有灰绿藜、油菜、反枝苋、大籽蒿等。

5.2.3　越冬期养护

(1)越冬期时间

生殖枝枯黄,植物停止生长,内蒙一般为 10 ~ 12 月。

(2)工作内容

①越冬水浇灌。在越冬期内根据天气控制浇水时间,浇越冬水的原则为昼消而夜冻(即日平均温度在 0℃左右)。水分一次浇灌充足,阴坡先于阳坡,用水量 30 ~ 40m^2/t。

②越冬防护处理。正常生长坡面在冻水浇灌充足之后无需进行防护处理。

③保障坡面安全。防火、防牲畜、防止人为破坏。

5.2.4　休眠期养护

(1)休眠期时间

植物地上部分枯黄(图 5.2-4),进入休眠状态,内蒙一般为 12 月至第二年 4 月。

(2)工作内容

该时期坡面植被处于休眠状态,不需人为进行养护,工作重点在于保证坡面的安全,主要是防止火灾。要求防火设备齐全,建立完善的火灾报警制度,同时注意防止牲畜和人为破坏。

图 5.2-3 坡面虫害

图 5.2-4 返青期景观

6　施工及交工验收

6.1　施工期间主要技术环节的验收

(1)场地布置和设备安放不应妨碍交通或物料搬运。

(2)坡面应平整、无碎石或塌陷,无局部倒坡或悬坡,坡顶和坡面排水措施应完善。

(3)若进行挂网喷播时,挂网的覆盖面积、搭接宽度、网材连接、网材固定后的松紧程度、锚杆用量、锚固深度和锚固状况应符合设计要求。

(4)需要移栽灌木时,预留灌木种植穴的密度、深度及孔径符合设计要求。

(5)种子质量及发芽率、种子混合配比及均匀程度应符合设计要求,种子应进行浸泡或去皮等预处理。

(6)各种客土(有机质)物料的种类、质量、组合配比应符合设计要求,应严格控制各组分标准使用量、每罐的添加量、每罐物料的混合时间及混合质量。必要时采集客土、基材样本,分析其主要养分(氮、磷、钾、有机质、pH 值)含量和粗纤维含量。

(7)客土(有机质)喷射压力应适宜,雾化水的用量应适宜,喷附厚度应均一。

(8)喷附平均厚度应不小于设计值(检查喷附厚度如图 6.1-1 所示),且最小厚度应不低于设计值的 80%。应无喷播物流失现象,表面浮料厚度应小于 1cm,基质层硬度应适中,无板结、疏松、分层或剥落现象。

(9)单位面积内种子数量应符合设计要求。

图 6.1-1　检验喷播厚度

6.2　竣工时主要技术环节的验收

(1)检查喷附总体质量,包括喷附面积、基质层厚度、坡头和坡脚的处理状况、浮料厚度、基质层硬度、有无板结、疏松、干裂、分层或剥落现象等,见表 6.2-1。

客土、有机质层的检验指标及评定　　表 6.2-1

检验指标	工程质量			评定方法
	不合格	合格	优良	
流失状况	有明显沟蚀	有少量流失	无流失	目测及拍照
收缩裂缝	有大量裂缝	有少量裂缝	基本无缝	
剥离状况	剥离严重	有少量剥离	基本无剥离	
喷附厚度/设计厚度	<90%	90% ~95%	>95%	随机抽样调查
团粒化度	<50%	50% ~70%	>70%	按 LY/T 1227—1999 测定
有效持水量	<30%	30% ~40%	>40%	按 LY/T 1215—1999 或者 LY/T 1216—1999 及 LY/T 1217—1999 测定
pH	<6.0 或 >7.5	6.0 ~6.5 或 7.0 ~7.5	6.5 ~7.0	按 LY/T 1239—1999 测定

(2)草帘子等覆盖物应完全覆盖坡面,无遗漏处。

(3)浇水水量应合适,坡面无冲刷现象。

(4)种子发芽应达到设计要求,无缺水缺肥现象。

(5)施工现场整理完毕后不应有施工遗留物。

(6)喷播总体质量,包括喷播面积,客土(有机质)层厚度,坡头和坡脚的处理状况,浮料厚度,客土(有机质)层硬度、板结、疏松、干裂、分层或剥落现象应符合设计要求。

(7)移栽灌木的成活率不应小于设计要求,对未成活灌木适时进行补栽。

(8)喷附植物的植被初期覆盖度不应小于设计要求。

6.3 验收时质量检查

(1)坡面植物种类、种类数与设计一致,且优势种与设计相同。

(2)坡面植被覆盖度应与设计相同。

(3)边坡应无水土流失、碎石滑落等迹象。

(4)喷附在坡面上的客土层(或有机质层)应无剥落现象。

(5)边坡上的植被群落应满足粗放管理要求。

7 工程案例

7.1 内蒙卓资土质边坡——有机质喷播

7.1.1 工程地点概况

示范工程所在地位于内蒙古自治区卓资县县城附近，经纬度位置为 N40°56.147′、E112°11.501′，海拔高度为 1 270m。

施工现场周边为禾草、半灌木草原，植物建群种为克氏针茅、冷蒿、百里香等，植被覆盖度约为 60%。河谷平原的土壤为暗栗钙土，丘陵的土壤为灰褐土，自然土壤的 A ~ A0 层（枯枝落叶层和淋溶层）厚度为 10cm 左右，养分构成状况较好（表 7.1-1）。

卓资山实验现场周边自然土壤理化性质分析　表 7.1-1

采样点	全氮（%）	速效磷（mg/kg）	速效钾（mg/kg）	有机质（%）	pH 值
No. 1	0.102 3	13.2	120.26	2.19	7.3
No. 2	0.199 8	6.7	143.76	4.13	7.2

边坡为塌方后回填客土而成，坡度为 45°，坡向为阴坡，原始坡面情况如图 7.1-1 所示。

a)

b)

图 7.1-1　原始坡面情况

7.1.2 工程设计和施工方法

本工程采用有机质挂网喷播技术，选择的护坡植物物种如下。

草本：蒙古冰草、无芒雀麦、黑麦草、紫花苜蓿、草木樨。

灌木：柠条。

播种量：1 500 粒/m^2。

预期植被恢复效果为：第一年以黑麦草和草木樨生长最为迅速，伴生有无芒雀麦、冰草、紫花苜蓿和柠条；第二年以冰草、无芒雀麦、紫花苜蓿为主，伴生有草木樨和柠条；4～5年以后，以冰草和柠条为主，伴生有无芒雀麦和紫花苜蓿，群落处于稳定状态。

保墒处理：在植生基质中添加适量的保水剂，喷播后采用遮阳网进行覆盖，待草本发芽后株高达到5cm左右时撤掉遮阳网。

浇水处理：发芽期采用喷灌浇水，撤掉遮阳网后采用人工浇水。

施工情况如图7.1-2所示。

a)　b)　c)　d)　e)　f)

图7.1-2　施工情况

a)挂网；b)草炭土材料；c)种子；d)机械设备；e)喷射；f)覆盖养护

7.1.3 植被恢复效果

工程在2004年4月施工，施工面积为4 000m^2。施工后植物发芽良好，至2004年秋季，坡面植被覆盖已经达到90%以上，植被层高度为20～30cm。2006年8月调查的结果(表7.1-2)显示，坡面的植被覆盖度依然达到75%，且物种较多，群落结构基本按照设计思路发展，植被恢复效果良好，见图7.1-3。

2006 年边坡植被情况样方(1m×1m)调查表　　表 7.1-2

植物名称	株数	分盖度	样方外植物
赖草	100	4	山杏、反枝苋、沙打旺、甜旋花、柠条、猪毛蒿、太阳花、沙蒿、狗尾草、鹤虱
扁穗冰草	42	14	
蒙古冰草	37	8	
灰菜	1	<1	
无芒雀麦	30	3	
紫花苜蓿	18	<1	
猪毛菜	33	1	
老芒麦	45	47	

图 7.1-3　植被恢复效果

a)施工后 3 个月恢复效果;b)2006 年恢复效果;c)2008 年恢复效果;d)2010 年恢复效果

7.2　内蒙赤峰岩质边坡——双层喷播+灌木移栽

7.2.1　工程地点概况

本工程位于赤峰—通辽高速公路 K72+890~K73+088 段左幅,位于赤峰市敖汉旗四道湾镇境内。实验坡面坡向为南偏东 20°(阳坡),平均坡度 60°,局部坡度可达 70°。坡面由风化火山岩构成,风化程度中等,质地坚硬。坡面未有明显分级,凹凸破碎不平整(图 7.2-1、图 7.2-2)。

7.2.2　工程设计和施工方法

本工程采用双层喷播+灌木移栽技术。客土层设计厚度为 15cm,其中底层主要为当地土壤所构

图 7.2-1 施工前坡面全景

成的客土层，厚度约 10cm；表层主要为秸秆堆肥所构成的有机质层，厚度为 5cm。施工时间为 2007 年 5 ~ 7 月，施工面积为 4 000m^2。

选用的植物主要是在当地常见的牧草、灌木和矮乔木。牧草种类有紫花苜蓿、老芒麦，灌木种类有二色胡枝子、沙棘、荆条，矮乔木种类有山杏、山桃、榆树、油松、榆叶梅等。

图 7.2-2 施工前坡面局部照片

主要的施工方法见图 7.2-3，其中牧草和灌木播种量为 1 200 粒/m^2，矮乔木幼苗移栽量为 1 株/1 ~ 1.5m^2。

7.2.3 植被恢复情况

据施工两个月后，即 2007 年 9 月调查得知（表 7.2-1），坡面植被覆盖度随坡位不同有所差异，平均为 78%。8 个样方点的植物种类数目也不尽相同，平均为 7

a)

b)

c)

图 7.2-3 施工方法

a) 放土袋子及挂网；b) 喷射客土；c) 栽乔、灌木幼苗种，而其中乡土植物种所占比例为50%～85%，说明人工客土层为当地物种的侵入创造了条件。

坡面植被调查概况（2007年9月） 表7.2-1

样点编号	①	②	③	④	⑤	⑥	⑦	⑧
所在位置	坡下部	坡下部	坡下部	坡中部	坡中部	坡中部	坡上部	坡上部
植被覆盖度	80%	55%	90%	50%	85%	90%	90%	85%
物种总数	6	9	6	5	11	6	7	7
乡土物种数	4	6	3	3	9	4	5	6
乡土物种比例	66.7%	66.7%	50%	60%	81.8%	66.7%	71.4%	85.7%

图7.2-4 坡面整体情况和草本植物生长状况

a）2007年9月坡面整体植被覆盖状况；b）2009年5月坡面整体植被覆盖状况（2009年干旱）；c）2007年9月草本植物生长状况；d）2009年5月草本植物生长状况；e）2010年8月草本植物生长情况；f）2010年8月部分坡面整体情况

调查结果表明，坡面共生长有各类草本植物15种，除了紫花苜蓿和老芒麦是喷播物种之外，其余的13种都是侵入种。不过坡面仍以紫花苜蓿和老芒麦所构成的草本群落覆盖为主。这些草本植物生长得比较旺盛，基本达到了保护坡面、恢复生态、改善景观的作用，见图7.2-4。

播种灌木的发芽生长状况不理想，在各样方调查中，未能看到存活的二色胡枝子和沙棘。移栽的油松和山桃未能存活，其余的保育块苗（榆树、山杏、榆叶梅、荆条）生长状况良好，各物种存活率在90%以上，平均株高20～50cm（移栽时平均株高15cm），平均分布密度可达到1株/m^2（表7.2-2、图7.2-5）。

坡面矮乔木和灌木（2007年9月、2008年4月综合）　　表7.2-2

植物名称	调查株数	存活率（%）	密度（株/m^2）	高度（cm）	冠幅（cm）	根茎粗（cm）
榆树	65	93.8	0.66	50.1	15.5×21.3	0.48
山杏	23	100	0.36	47.3	5.5×5.9	0.42
榆叶梅	5	100	0.01	22.7	11.0×14.0	0.30
荆条	2	100	—	44.3	7.0×8.0	0.53

a)

b)

c)

d)

e)

f)

图7.2-5　木本植物生长状况

a）移栽时的榆树；b）移栽后2个月的榆树；c）移栽时的山杏；d）移栽后2个月的山杏；e）2009年5月榆树；f）2010年8月榆树

7.3 内蒙兴和路基边坡——铺设植生带

7.3.1 工程地点概况

工程选择在老集路高庙子大桥 K280 ~ K282 路段，在路堤南北两侧边坡上各铺设植生带 $250m^2$（长 50m、宽 5m）。

本工程为路堤边坡，坡度为 45°，分阴、阳坡面。坡面上为回填土石，土质较好，且厚度较大，具备了植被恢复的初始条件，具体见图 7.3-1。

图 7.3-1 原始边坡

7.3.2 工程设计和施工方法

本工程采用铺设植生带的方法来进行边坡植被恢复，植生带内使用的植物物种为苜蓿、冰草、无芒雀麦等，使用量为 2 000 粒/m^2。施工时间为 2005 年 6 月，施工面积 $500m^2$，主要的施工步骤见图7.3-2。

7.3.3 植被恢复效果

施工后植被恢复状况良好，三个月后边坡植被生长状况良好，阳坡草本存留株数为 750 株/m^2，平均株高为 20.5cm，阴坡草本存留株数为 1 188 株/m^2、平均株高 30.5cm。具体效果见表 7.3-1、图7.3-3。

植被恢复情况表（施工后三个月） 表 7.3-1

物种分类	阳坡		阴坡	
	株数（株/m^2）	株高（cm）	株数（株/m^2）	株高（cm）
禾本科	550	6	963	21
豆科	200	35	225	40
合计（平均）	750	20.5	1 188	30.5

2010 年 7 月的调查显示，边坡的植被覆盖度为 55%，植物物种为 10 种，主要以紫花苜蓿为主，覆盖度为 30% 左右，禾本科草本覆盖度为 20% 左右，当地入侵的草种覆盖度为 5% 左右。由此可知，边坡的植物群落结构处于稳定状态，植物群落演替正在进行，植被恢复效果见图7.3-4。

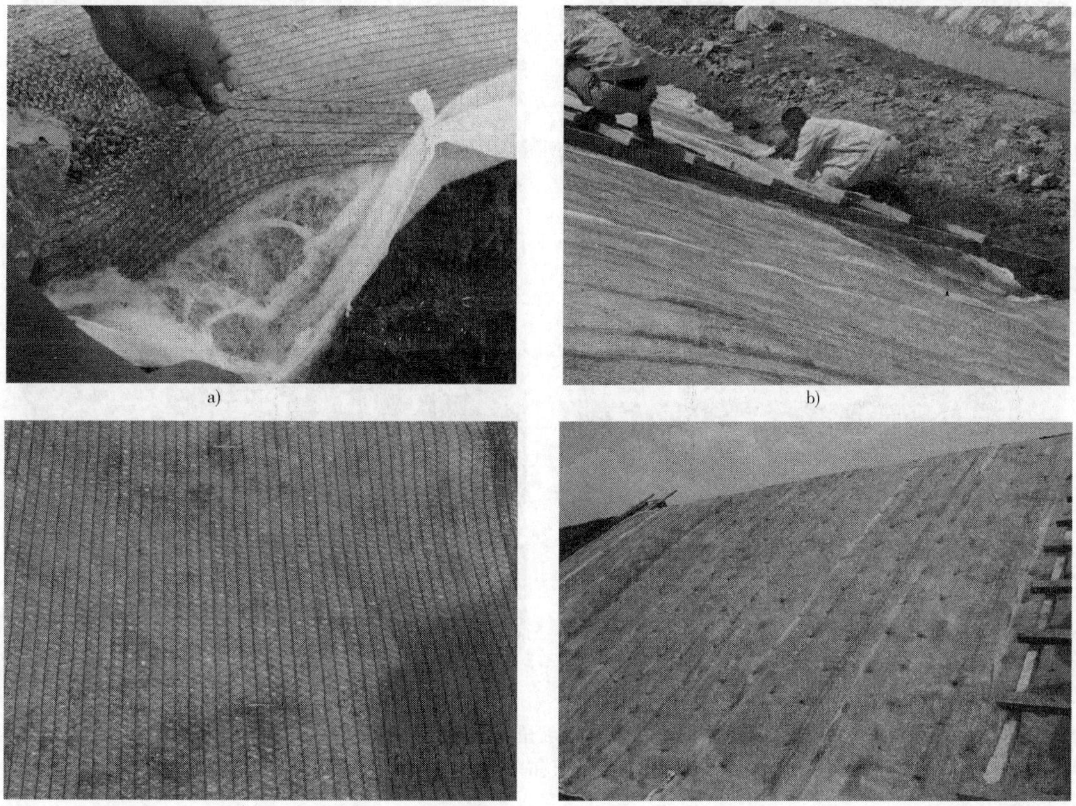

a)　b)　c)　d)

图 7.3-2　路堤边坡植生带施工工艺及植被恢复状况
a)植生带分层结构;b)植生带铺设施工;c)U 形钉固定;d)铺设好的植生带

a)　b)

图 7.3-3　路堤边坡植生带护坡施工效果
a)施工后一个月;b)施工后三个月

a)

b)

图 7.3-4　边坡植被恢复情况

a) 2006 年植被恢复效果；b) 2010 年植被恢复效果

8　工程效果评价

8.1　评价指标体系

8.1.1　评价目的

近几年来政府大量倡导生态工程理念，利用工程方法、植生方法或二者相互配合，因地制宜，并结合道路建设工程、水利工程、水土保持工程、环境景观、生物及生态的观念进行整治仍是主要的趋势。即便如此，现存的各式生态工程对于边坡栖息地环境的维持和营造有利还是有负面反应，仍欠缺一套科学的评估模式，无法将各式工法对道路边坡的贡献程度予以量化。因此，本指南针对道路边坡生态工程，提出相关的评估指标参数及标准，并通过问卷调查来推求各指标参数的关系及权重，以构建道路边坡生态工程的评估模式，借以评估各式工法对道路边坡生态环境的贡献程度，确立道路边坡工程可运用的生态工程种类，以此对现有生态工程提供改善建议以及作为未来道路边坡生态工程规划、设计、施工及评估的参考。

8.1.2　评价思路与适宜时间

评价思路是：按照系统性、科学性、简明性、可获取性、可测性、可比性、独立性及重要性的原则，征求多学科专家意见和参考其他文献资料，确定评价指标，根据各指标与植被功能之间的紧密程度构建层次分析模型，计算各指标的权重系数，分别计算各指标值，然后进行归一化处理，通过计算，得到坡面植被的最终质量评分。

根据实际观测，一般从实施坡面绿化开始1个生长年后，绿化品种对环境的适应性和物种彼此之间的竞争性决定了物种在群落中的优势。坡面绿化形成的植被改善了坡面小气候和土壤微环境，为乡土植物的入侵创造了一个比较适应的生长环境。第2～3年以后，边坡植物群落出现两种演替结果。一种是进展演替。植被个体数量增加，群落结构复杂化，群落利用自然界的生产力不断增强，边坡生态单元系统稳定，趋于一个动态平衡，表现为植被恢复效果好，护坡功能稳定发挥。另一种是逆行演替。植物数量减少，群落结构单一化，利用自然界的生产力降低，群落不稳定，表现为坡面的次生裸地面积增加，土壤侵蚀严重，局部生态环境恶化，边坡植被恢复工程失败。因此，对于坡面植被质量评价的最佳时间是群落内种群密度和物种数量相对稳定的时期。一般来讲，人工植被在2～3个生长年以后的评价结果基本能反映对象的真实性。因此，可以将绿化后的第2年或第3年作为评价年。当然，只要边坡植被的恢复年份相同，相互比较的结果就有一定的说服力。

8.1.3　指标选取原则

评价指标是衡量评价目标的基本尺度，评价体系并不能由一个或几个可测度指标简单组成，而是一个完整的评价系统。因此，要求评价体系能够科学、客观地反映主客观因素，评价指标的选取必须遵循以下原则。

(1)代表性原则

评价指标必须是能够代表该类型和区域生态环境特征的表征指标。

(2)系统性原则

恢复生态效果的评价是一项多因子、多指标的综合考虑，因此，选取的生态特征指标必须要有系统性。

(3)科学性原则

评价路域植被护坡工程生态恢复效果的好坏是一个科学定义的过程，因此，选取生态效果评价指标时必须遵循科学性的原则，符合生态特征和环境结构要求，选取的评价指标应当定义准确，内涵清晰。

(4)易获得和可操作性原则

生态恢复效果的评价是一项经常性的、反复进行的常规评价，因此在选取评价指标时，必须考虑到评价指标的易获得和可操作性，只有这样才能保证评价工作得到顺利实施。

8.1.4 评价指标筛选

边坡生态护坡是涉及多学科、综合性的系统工程，因而要求工程效果评价的类别、指标本身具有不同的性质和特点，从不同层次说明问题，同时又要求这些指标之间相互联系，以达到从多方面综合反映工程效果的目的。

从边坡生态护坡工程"土壤—植被"系统的结构与功能来看，系统的基本结构组成包括"植被"及"土壤"两个基本单元，其中"土壤"指边坡条件下人工提供的满足植被正常生长所需的基础物质(可理解为人工土壤)，其既提供植被生长所需的合理物理结构，又是植被水分、养分转化利用的平台与载体；而"植被"则是指坡面人工植物群落，是系统发展、变化的主要生物要素。从"土壤—植被"系统的功能来看，其主要包括坡面防护功能(力学加固与侵蚀控制)、物质循环功能(保持系统的整体稳定性，降低人工辅助能量的输入)和景观文化功能3个方面(融入自然景观及美学价值)。基于"土壤—植被"系统的结构与功能，通过调查研究法，结合国内外现有研究基础，通过相关专家咨询(土壤学、植物学、生态学及岩土工程学等)，建立岩石边坡生态护坡工程的效果评价指标体系(表8.1-1)。这些指标较为合理地反映了系统结构与功能的特征与本质，同时表现出结构与功能相互依存而且在一定条件下可以相互转化的关系。但这里需要说明的是，生态护坡只是对边坡的表层防护起主导作用，在指标构建过程中并未考虑边坡的深层稳定问题。

植被护坡工程生态效果评价指标体系 表8.1-1

评价目标	评价准则层 F_i	权重 W_i	评价指标层 F_{ij}	权重 W_{ij}
边坡植被恢复效果	土壤—植被系统质量(F_1)		植被生物量 F_{11}	
			草本植物覆盖度 F_{12}	
			物种多样性 F_{13}	
			土层厚度 F_{14}	
			土壤硬度 F_{15}	
			土壤有机质含量 F_{16}	
			土壤质地 F_{17}	
			pH值 F_{18}	
	景观要素变化(F_2)		植被覆盖度 F_{21}	
			近自然程度 F_{22}	
			植被绿期 F_{23}	
			※植被对刚性防护的遮蔽 F_{24}	

注：※指标为备选指标。

本指南选择层次分析法构建评价模型，以边坡植被恢复效果为决策目标层，以土壤—植被系统质量和景观组成要素变化为准则层，选择植被覆盖度、植被生物量、草本植物覆盖度、土层厚度、土壤硬度、物种多样性、土壤有机质含量、土壤质地、植被绿期、植被对刚性防护的遮蔽、近自然程度等作为指标层，详见表8.1-1所示。

8.1.5 指标内涵及其阈值确定

(1)土壤—植被系统质量(F_1)

①植被生物量(F_{11}):指群落在一定时间内积累的有机质总量,通常以单位面积或单位时间积累的平均质量或能量来表示,反映植被群落的生产力,同时也可以用来评价一个恢复生态系统的功能。植被生物量是生态系统生产力的最好的指标,是生态系统结构优劣和功能高低的最直接的表现,是生态系统环境质量的综合体现。此指标对应适当植被类型,分地上生物量和地下生物量两类统计得到具体数据。

②草本植物覆盖度(F_{12}):指草本植被(包括叶、茎、枝)在单位面积内植被的垂直投影面积所占百分比,是用来衡量路域坡面植被恢复后,植被覆盖坡面的情况,该指标可以通过调查获取。灌木植物较之于草本植物有更好的护坡效果,但灌木成活率较低,因为建植初期生长较快的草本会占据灌木生长的空间、营养等,导致灌木死亡。因此,草灌比例不仅是群落物种多样性的一个体现,更是反映护坡植物物种搭配合理与否的一个重要指标。此指标具体数据主要通过实际样地调查得出。

③物种多样性(F_{13}):此处仅指组成护坡植物群落的物种组成类型和物种树木。随着人工植被的定植,公路边坡土壤环境得到一定程度的改善,为物种的入侵创造了条件。一些1年生的先锋植物首先入侵,随时间的延长,物种数量、植被覆盖度增加,群落经历了由简单到复杂的过程。坡面物种数目的增加,主要是由于当地自然物种侵入数目的波动引起的,侵入物种以1年生先锋草本植物为主,其对坡面环境和气候变化较为敏感,年际间种类组成表现出不稳定性。此指标具体数据主要通过实际样地调查得出。

④土层厚度(F_{14}):所谓的有效土层厚度,是指植物根系伸延容易,有一定的养分可以吸取,能正常生长发育的较松软土层的厚度。有效土层厚度主要决定于特殊异质土层(即含有大量夹杂物的土层)或下伏的硬质土层(特别压实的土层、过于黏重的土层)。有效土层的厚度曾被规定为以下3种:厚层>60 cm;中层30~60 cm;薄层<30 cm。此指标具体数据主要通过实际土样调查分析得出。

⑤土壤硬度(F_{15}):由于土壤是土粒的集合体,所以土粒与土粒之间的结合力、凝聚力、土粒垒结状态等的综合作用使土壤具有某种硬度,这种硬度称为土壤的紧实度。土壤压实后,必然导致土壤硬度增加,这是土壤压实最直观的表现,也是土壤结构重排、孔隙度减少的集中体现。土壤由于受施工和其他人为因素影响而导致退化,压实导致土壤原有结构被破坏,土体变得紧实,密度增加,孔隙度降低。植物生长情况与土壤硬度之间关系见表8.1-2所示。此指标具体数据主要通过实际土样调查分析得出。

不同土壤硬度植物生长情况及所需处理方法 表8.1-2

土壤硬度	植物生长发育状况
<10mm	由于土壤干旱,植物往往不能正常发芽
10~25mm	植物地上、地下部分均生长良好,种子发芽及繁育良好,适宜于林木栽植
25~30mm	一般有碍于植物根系发育(不适宜林木栽植),植物生育不良
>30mm	植物根系不能正常发育(通过整地等措施,建造根系延伸空间)
软岩或硬岩	植物根系不能延伸(有必要人工建造植物生长发育基础,木本植物根系可延伸入岩石节理内)

注:表中土壤硬度为土壤硬度计(DIK-5553)测量所得。

⑥土壤有机质含量(F_{16}):土壤有机质是土壤肥力的重要基础,也是土壤形成和发育的重要标志,它含量的高低,决定着改良土壤质地、结构,以及协调水、肥、气、热等能力的大小。此指标具体数据主要通过实际土样调查分析得出。

⑦土壤质地(F_{17}):自然界的土壤都是由很多大小不同的土粒按不同比例组合而成的,各粒级在土壤中的相对比例或者质量百分数,就叫做土壤质地,也称作机械组成。由于粒径<0.001mm才具有胶体性质,故将研究区土壤中物理性黏粒含量作为衡量土壤质地的指标。依据土壤分类标准,将壤土视作最优土,黏土次之,最差为砂土。此指标具体数据主要通过实际土样调查分析得出。

⑧土壤 pH 值(F_{18}):是指土壤溶液中[H^+]倒数的对数,或[H^+]的负对数,如式(8.1-1)所示:

$$pH = \log \frac{1}{[H^+]} = -\log[H^+] \tag{8.1-1}$$

此指标具体数据主要通过实际土样调查分析得出。

(2)景观质量变化(F_2)

①植被覆盖度(F_{21}):指植被(包括叶、茎、枝)在单位面积内植被的垂直投影面积所占百分比,是用来衡量路域坡面植被恢复后植被覆盖坡面的情况。此指标可以通过调查获取。

②近自然程度(F_{22}):近年来,依据景观生态学及美学观点,认为自然的是最好的,因此在植被恢复设计、物种选择以及管护上都尽量做到"师法自然"。这就要求按当地自然生态系统的内在规律去进行植被防护,防护的手段是人工的,但建成的生态体系应该是近自然的。首先是景观设计要近自然,不搞园林式的整齐划一和过度修剪。其次是物种选择要近自然,尽量使用本地物种,形成多样性、族团状的植物群落。第三是管护方式要近自然,边坡植被生态系统形成后,应尽量减少人工对其自然演替的干预,主要强调植被与环境的协调。此指标主要从被调查者感受获取。

③绿期(F_{23}):指路域植被枝叶生长持续发绿的时间长短,具体指群落植株 20% 的萌生出叶的日期即返青期至群落植株 80% 进入休眠状态的日期。该指标用来评价坡面植被景观颜色和观赏性的时间长短,通过询问道路养护人员可以得到具体数据。

④植被对刚性防护的遮蔽比(F_{24}):指植被覆盖路域刚性材料的面积与全部刚性材料的面积比。防护类型如为生物防护和工程防护相结合,此指标为必选指标,否则,为备选指标。此指标数据可经实地测量得出。

8.1.6 评价标准

评价指标标准的制定参考了国内外相关研究的有关基础以及边坡生态护坡的结构与功能特征,并结合相关专家的意见,提出了一个具体的指标标准,将评价标准分为 4 级:"优"级,工程效果优,综合分值在[0.8,1];"良"级,工程效果良,综合分值在[0.6,0.8];"中"级,工程效果一般,综合分值在[0.4,0.6];"差"级,工程效果差,综合分值在[0,0.4]。各评价因子的分级标准见表 8.1-3。

植被护坡工程生态效果综合评价指标分值是由分指数叠加得出,具有适宜研究多属性、多因子评价体系结构的特点,根据其综合评价指数 A 划分为不同的等级。

根据现场实地勘察及调查,可得出植被护坡工程生态效果综合评价指标分值分数等级划分,如表 8.1-3 所示。

植被护坡工程生态效果综合评价指标分值分数等级划分 表 8.1-3

等级	优	良	中	差
综合分值	0.8~1	0.6~0.8	0.4~0.6	<0.4

8.2 评价方法

本指南采用模糊隶属度方法进行量化(由于部分指标获取难度较大,如近自然程度和植被对刚性防护的遮蔽这两个指标)。选择不受人为干扰或较少受到干扰的同类区域的植被、土壤、景观指标作为临界上限值,而选择受人为干扰严重的边坡生境的植被、土壤、景观指标作为临界下限值,然后,依据指标变化对于边坡植被恢复效果的影响,确定合适的隶属函数。最后,依据各指标实测值,计算出各指标相应的隶属度值。

对于植被覆盖度、绿期、植被生物量、物种数目、物种多样性土层厚度、紧实度、有机质和土壤养分的含量、近自然程度和植被对刚性防护的遮蔽等,采用升半梯形分布的隶属函数,如式(8.2-1)所示:

$$\mu(x)=\begin{cases}1 & (x\geqslant b)\\ (x-a)/(b-a) & (a<x<b)\\ 0 & (x\leqslant a)\end{cases} \tag{8.2-1}$$

而对土壤 pH 值因子和草本植物覆盖度则采用降半梯形分布的隶属函数，如式(8.2-2)所示：

$$\mu(x)=\begin{cases}1 & (x\leqslant b)\\ (x-a)/(b-a) & (b<x<a)\\ 0 & (x\geqslant a)\end{cases} \tag{8.2-2}$$

式中：$\mu(x)$——评价因素指标值的隶属函数；

x_i——评价因素指标值；

a、b——分别为评价因素的临界值即鉴定指标。

具体到每种评价因素，因其各自的特点，评价模型又有不同的表示方式。

8.3 评价指标权重值确定

采用专家征询和层次分析法相结合的方法，确定各级评价要素的指标的权重。利用美国运筹学家、匹兹堡大学教授 T. L. Saaty 提出的 AHP 法，确定各指标在综合评分中的权重。经专家征询，由 1 ~9 比例标度法分别对每一层次的评价指标的相对重要性进行定性描述，并定量化表示，确定两两比较判断矩阵，最后计算出指标权重。本次征询了专家 20 人，包括土壤学、植物学、生态学与岩土工程学等专家，此外还有道路使用者(驾驶员及乘客)。

8.4 评价流程

评价流程具体如下：

(1)收集国内外文献。

(2)指标选择。

边坡植被恢复的工程效果主要体现在对坡面的防护方面，包括对坡面的覆盖状况、防止水土流失状况等；边坡植被恢复的生态效果主要体现在土壤—植被系统的恢复状况、与周围自然环境的融合状况等。对边坡植被恢复工程效果的评价要突出代表性原则，可以重点考虑植被因子；对边坡植被恢复生态效果的评价要突出系统性原则，需要建立包括植被、土壤、小气候、景观等众多因子在内的指标体系。具体选择的指标可以分为两类，土壤—植被生态系统指标和景观指标。

(3)权重问卷调查。

(4)应用层次分析法(AHP 法)确定权重。

(5)应用模糊数学理论确定指标标准及评分标准。

(6)通过专家问卷调查来划分各指标等级分数，确定评估模式。

(7)案例评估，以评定各种生态防护方法之优劣。

8.5 评价案例

8.5.1 试验路段自然条件及工程概况

1)赤峰市敖汉旗自然条件概况

试验地处赤峰市敖汉旗境内，敖汉旗位于科尔沁沙地和燕山山脉向松辽平原过渡地带之间，地貌类型复杂多样，由浅山、丘陵、沙地、河川平原、湿地等组成，地势由西南山地经中部黄土丘陵过渡到北部沙地。敖汉旗属干旱、半干旱大陆性气候，降水量在310～460mm之间，降水特点为由南向北递减且年际变率大，相对变率17%～23%。蒸发量是降水量的6～8倍，年平均气温4.9～7.5℃。全旗各地多年平均风速4m/s左右，北部大于南部，主导风向西南风，次主导风为西北风。春季风速平均为5.8m/s，月平均风速以4月份最大，为6.2m/s。大风日多集中在4、5月份，瞬时最大风速为30m/s(1981年5月)。敖汉旗在植物区系上处于欧亚草原区亚洲中部区，全旗土壤有棕壤土、褐土、栗钙土、草甸土、风沙土、沼泽土6种土类。

2)试验路段生境及植被状况

依托工程为第13合同段(敖汉旗四道湾镇境内)K69+856～K70+674右幅:4 170m^2、K69+947～K70+551左幅:2 000m^2;K72+852～K73+050右幅:1 700m^2,K72+890～K73+088左幅:4 000m^2。地理位置北纬41°27′、东经119°39′,海拔高度575m。其中K72+890～K73+088左幅为弱风化破碎岩石坡面，坡度60°，坡向为南坡；其余坡面为强风化平整岩石坡面，坡度45°。

弱风化破碎岩石坡面组成物质为火山岩，风化程度中等，呈暗灰色，岩石质地坚硬，坡面破碎不规则，坡面未有明显分级，坡长188m，最大坡高31.9m，平均坡高18.2m。强风化平整岩石坡面组成物质为火山岩风化物，风化程度强，呈暗黄色，质地较软，坡面平整规则，最大坡高20m，平均坡高10m。

该路段处于一个丘陵之上，周边植被为灌丛草原，并有部分人工林。当地土壤为黄绵土，含沙量较高。

8.5.2 试验材料与方法

1)试验方案与材料

(1)弱风化破碎岩石坡面

弱风化破碎岩石坡面植被恢复技术试验方案包括两部分，一是通过回填土和挂网喷射等方法建立稳定、通透性好、养分含量高、保墒性能强的客土层即人工土壤层，二是通过种子直播和乔灌木幼苗移栽的方法建立植物群落，恢复边坡表面植被覆盖。

客土厚度15cm，草种为紫花苜蓿、冰草、披碱草，乔灌木幼苗为山杏、榆树、榆叶梅、荆条、油松等。

(2)强风化平整岩石坡面

强风化平整岩石坡面植被恢复技术试验方案为厚层基质挂网喷播，即采用种子直播的方式建立植物群落，恢复边坡表面植被覆盖。

厚层基质厚度7cm，草种为紫花苜蓿、冰草、披碱草，灌木种为沙棘、柠条等。

乔木和灌木采用保育块移栽技术，采种后育苗，待植物幼苗长至规定大小后进行坡面移栽；草本植物播种方法是将植物种子与基质充分均匀混合后，利用液压喷播机一次性喷附在路堑边坡表面。

2)研究方法

选择一个固定坡面，相隔一定距离沿坡顶向坡脚设置3～4条样线，在每条样线的上、中、下部位各布设3、4个1m×1m样方，进行物种种类、高度、密度、覆盖度调查。其中覆盖度的调查采用点测法，即将1m×1m的样方等分成为100个10cm×10cm的小网格，对每个网格结点登记是否在点向地面的垂直方向被植物覆盖，最后统计有植物体覆盖的总结点数与所有网格结点数的比值，并以此作为盖度指标，用百分数表示。

保育块和营养钵移栽苗调查的主要指标有乔灌木的成活率、高度、基径、冠幅、根系长度及形态等，并将每株被调查的保育块和营养钵移栽苗用带标号的竹签板标记，以便长期调查记录。

8.5.3 岩石坡面植被恢复效果

现场技术试验及依托工程在2007年5～7月份进行。由于2007年内蒙古东部及赤峰地区遭遇大旱，4～8月份20cm土壤相对湿度小于80%，6～8月份的各月降雨量均不足50mm，这给种子发芽及坡面植被恢复造成了极大的困难。为了缓解干旱带来的影响，施工后及时采取了人工补水的措施，以保证坡面植物的发芽率和成活率。

对于公路边坡植被生态恢复来说，其恢复过程大致可以分为三个阶段：第一个阶段是坡面植被建植初期，此时期边坡以人工初始设计的植物占主要优势，坡面植物种类相对周边自然物种少，群落覆盖度较高，人工建植土壤养分充足；第二个时期是边坡植物群落演替阶段，此阶段外来物种逐渐开始侵入坡面，坡面生境及坡面植被类型开始出现分化，当地自然物种在生态恢复坡面中的数量和所占比例开始逐渐增加，坡面群落生物多样性有所升高，物种优势度开始分散并趋于均匀，群落覆盖度向当地相近自然生境过渡；第三个阶段为群落相对稳定期，生态恢复边坡往往需要经过比较漫长的演替和过渡过程才会趋于稳定，相对稳定的边坡群落与当地自然环境相互融合，并且在植物种类组成和覆盖度等群落特征方面接近当地自然坡面。对于本施工案例中的植被恢复效果来说，由于施工后至今的时间较短，目前生态恢复坡面处于植被建植恢复初期，以下就项目执行期内生态恢复边坡的植被恢复效果进行定性和定量描述。

1）草层平均高度变化

草本植物的生长主要表现在地上部分茎叶的伸展和地下部分根系的发育，其建植初期的快速生长可在坡面迅速形成植被覆盖，此外草本植物浅层根系的网状结构还能有效固持表层土壤，最大限度地控制雨季边坡水土流失现象，提高坡体的稳定性。另外，草本植物在坡面成功建植并旺盛生长，才能在生长季末产生更多的成熟种子落入坡面土壤中，为坡面草本植物新旧更替提供足够数量的种子库资源，而其地上部分的枯落物经过腐败降解后又可以为坡面土壤提供养分补充。

施工坡面当年（2007 年）草本植物生长茂盛，到 2007 年 9 月份调查时，地上部分草层平均高度为 38.68cm，坡面不同坡位（坡上部、坡中部、坡底部）草本植物高度比较均匀，坡上部草本植物平均高度 37.89cm，坡中部 39cm，坡底部 39.14cm。即坡顶部的水分条件要略低于坡中部和坡底部，坡底部的土壤含水率最大，而土壤水分条件的差异是导致坡面草本植物高度不同的根本原因（图 8.5-1，图 8.5-2）。

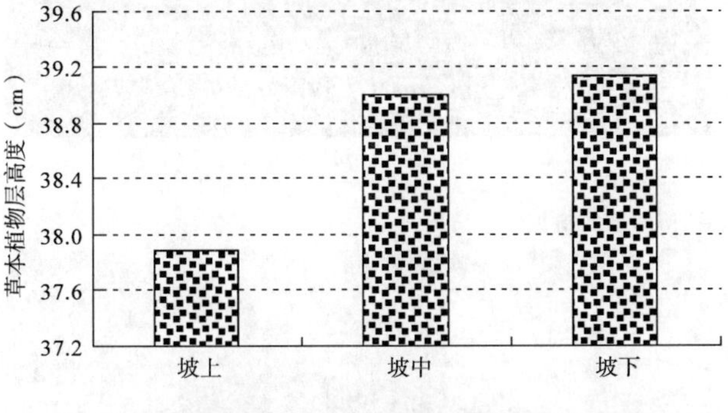

图 8.5-1　建植当年不同坡位草本植物层高度变化

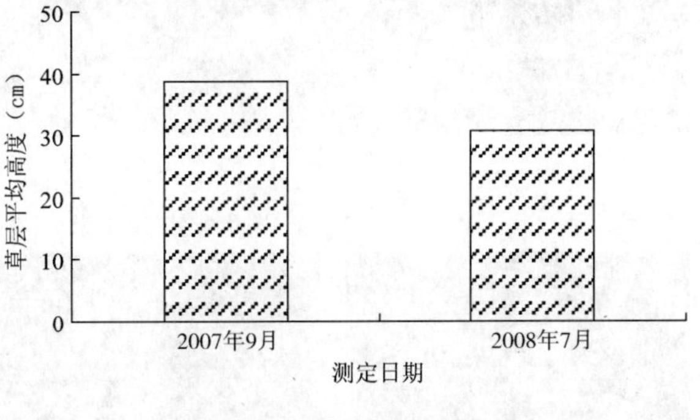

图 8.5-2　坡面草本植物层平均高度

坡面植被建植后第一年（2008 年）7 月份，进行了第二次草本植物层高度调查，草本植物层平均高度为 30.8cm，坡上部草本植物高度为 29.71cm，坡下部为 31.89cm，仍然表现为坡下部草本植物高于坡上部。由于调查日期较 2007 年提前了两个月，草本植物正处于生长期但并没有达到最大高度，因此草本植物层高度要略低于 2007 年。我们需要注意到，目前的人工植被边坡尚处于生态恢复的初级阶段，此阶段由于人工土壤的营养成分充足，恢复植被生长旺盛。随着时间的延长，植物群落逐渐开始出现内部分化，外界自然先锋物种进入人工恢复坡面，所以在此期间坡面植物群落的高度及种类组成变化较大。从现场调查来看，草本植物生长良好，种类多样性有所增加，植物密度更加趋于合理，这些对于当地自然物种的侵入和演替都起到正向的引导作用。

施工当年及施工后第一年坡面植被生长情况见图 8.5-3 ~ 图 8.5-6。

此外，我们还需要考虑，过高的草本层并不利于坡面植被的长期发展，一方面，过高的草本层会形成较高的群落覆盖度，使群落内部的低矮植物由于无法获得足够的光合辐射而逐渐枯萎死亡；另一方面，也不利于坡面灌木的生长，因为灌木生长速率要远远低于草本植物，虽然灌木具有较强的生命力和耐贫瘠能力，但是面对草本植物的这种种间竞争，依然会表现出绝对的弱势，尤其在灌木移栽初期，应当充分保障灌木植物的光照及地上地下生长空间，这也是草灌混合群落建植中的一个难点。

a) b)

图 8.5-3 施工当年(2007 年)最初坡面植被生长情况

a) b)

图 8.5-4 施工当年(2007 年)初期坡面植被生长情况

a) b)

图 8.5-5 施工当年(2007 年)中期坡面植被生长情况

2)坡面人工土壤层土壤硬度变化

土壤硬度(Soil Compaction)是衡量土壤紧实程度的指标，一般用重度表示。土壤紧实度提高，土壤硬度也增大。土壤硬度以土壤强度(Soil Strength)或土壤机械阻力或阻抗(Soil Mechanical Resistance 或 Soil Mechanical Impedance)或贯入阻力(Penetration Resistance)表示土壤硬度现场测量见图 8.5-7。

a)

b)

图 8.5-6 施工后第一年(2008 年)坡面植被生长情况

土壤硬度对植物生长的影响主要表现在两个方面,一是对植物地上部分生长的影响,二是对植物根生长的影响。

土壤硬度对植物地上部分生长影响的研究有不同的结果,多数研究表明,生长在紧实度高土壤中的植物无论是株高还是地上部分质量都较生长在紧实度低的土壤中的低。对根系生长的影响主要是,一方面使根生长及伸长速度减慢,另一方面使根的形态发生改变,生长在紧实土壤中的根明显变短变粗。

图 8.5-7 土壤硬度现场测量

土壤硬度太高时,植物根系无法伸入土壤中。依据土壤硬度计(型号:DIK-5553)的测量标准,植物根系伸入土壤的界限为 25mm,当超过 25mm 时,则需改良土壤的物理性质以便有利植物生长。岩石边坡或无土壤成分的岩石碎屑地,植物无法生长,必须对坡面进行客土喷播及预先做好防止客土层滑落处理。土壤硬度与植物生长发育之间的关系见表 8.1-2。

根据表 8.1-2 所示,土壤硬度在 10 ~ 25mm 时最适于植物生长。试验岩石坡面人工土壤层土壤硬度总体表现为坡上部 > 坡中部 > 坡下部(图 8.5-8)。由于岩石坡面人工恢复土壤层使用机器喷附并且添加了一定比例的土壤黏合剂,因此在一定程度上改变了土壤的物理结构,其土壤硬度要高于当地自然坡面土壤(图 8.5-9)。在坡面植被恢复建植当年(2007 年),坡面土壤硬度平均为 24.26mm,坡上部土壤硬度稍高为 27.34mm,坡中部为 24.1mm,坡下部为 21.35mm,总体来说坡面土壤硬度比较适合植物生长。

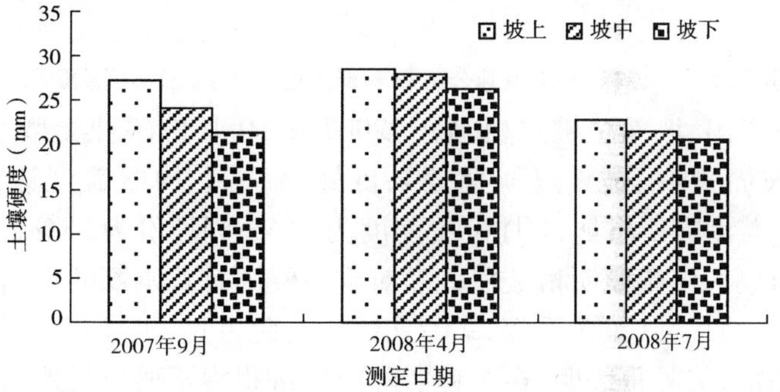

图 8.5-8 岩石坡面人工恢复土壤层土壤硬度变化

在建植后第一年(2008 年)4 月份时,由于春季比较干旱少雨,造成坡面土壤硬度整体偏高,平均土壤硬度为 27.61mm,坡上部土壤硬度达到 28.58mm,对植物返青生长产生一定影响,坡下部土壤硬度也达到了26.3mm(图8.5-9)。此时当地自然坡面的土壤硬度为25mm,说明自然坡面土壤结构合理,十分利于植被的地上部分生长和地下根系的繁育。进入到7月份以后,随着降雨量增加,土壤水分含量加大,岩石坡面人工土壤层硬度开始下降。7月份人工土壤层硬度平均值为21.69mm,最大土壤硬度22.9mm,最小土壤硬度20.68mm,此时坡面植被地上部分生长旺盛,根系扩展较快,坡面群落覆盖度较高。

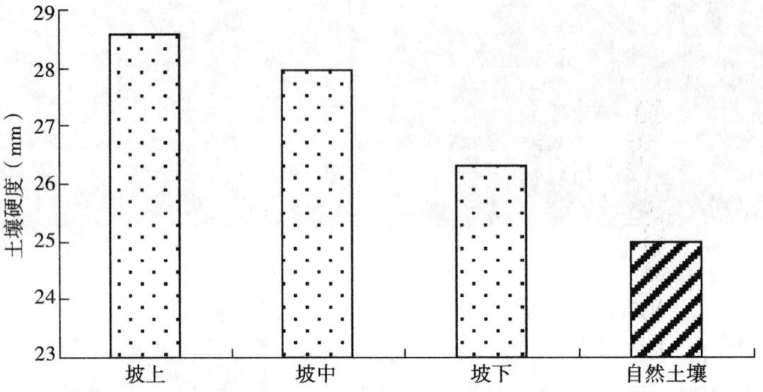

图8.5-9　2008年4月坡面人工土壤与自然坡面土壤硬度比较

3)坡面植被覆盖度变化

草本植物的生长主要表现在地上部分茎叶的伸展和地下部分根系的发育,其建植初期的快速生长可在坡面迅速形成植被覆盖,草本植物对坡面的迅速覆盖可有效截留雨季降水,降低雨滴对坡面的直接溅蚀,同时削弱阳光对坡面土壤的直射,控制土壤水分蒸发和干旱开裂现象(图8.5-10)。此外,草本植物浅层根系的网状结构还能有效固持表层土壤,最大限度地控制雨季边坡水土流失现象,提高坡体的稳定性。另外,草本植物在坡面成功建植并旺盛生长,才能在生长季末产生更多成熟种子落入坡面土壤中,为坡面草本植物新旧更替提供足够数量的种子库资源,而其地上部分枯落物经过腐败降解后又可以为坡面土壤提供养分补充。

a)　b)　c)

图8.5-10　赤峰—通辽高速公路13标弱风化破碎岩石坡面植被覆盖度变化

从图8.5-11可以看出,坡面植被建植当年(2007年)9月份两种类型坡面(弱风化破碎岩石坡面、强风化平整岩石坡面)的植被恢复初期效果良好,草本平均覆盖度达到83%。建植后第一年(2008年)坡面植被覆盖度有所增加,4月份覆盖度为86%,7月份为88%。有人曾做过植被覆盖度与土壤侵蚀量的模拟试验,结果表明植被覆盖度对土壤侵蚀有着重要的影响作用,当植被覆盖度达到70%可以有效地控制土壤侵蚀(刘永兵等,2007年)。由此可见,坡面恢复植被已经充分发挥了其绿化、防止土壤侵蚀的功能,另外也表明,在工程实际应用过程中不要盲目地追求高覆盖度,这样只会增加群落内物种间的生存压力和竞争强度,加快坡面植被的退化,并且不利于当地物种的进入和定植。

4)群落多样性变化

群落生物多样性(Biological Diversity)是指生物中的多样化和变异性以及物种生境的生态复杂

性。而生态系统的多样性则指示了生态复合体系的多样化和健康状态。路域植物的生物多样性是维护路域生态系统稳定性的基础性条件,也是路域植物恢复评价的主要标准之一。生态学上认为,多样性的增加可使网状食物链结构增加,使系统内关联更为复杂,这样可以使生态系统更趋向于稳定(孙儒泳等,1997 年)。

岩石坡面不同坡位草本植物群落多样性总体表现为坡下部 > 坡中部 > 坡上部,坡面植被建植后第二年群落多样性略高于建植当年(图 8.5-12)。建植当年坡面群落 Shonnon-Weaver 多样性坡上部最低为 0.559,坡中部为 0.613,坡下部最高处为 0.665。2008 年坡面群落多样性高于 2007 年,说明岩石坡面生态恢复群落植物丰富度增加,从调查数据来看,主要表现为坡面物种数目的增多,一些当地一年生物种进入坡面并开始生长,这表明岩石坡面生态恢复群落已开始渐渐融入当地自然群落,随着本土物种的逐渐侵入,最终坡面植物将会被当地植物所替代。而植物群落的稳定是一个动态和长期的过程,要想真正了解生态恢复边坡最终的稳定情况和演替结果,必须对坡面进行定点的长期观测,而目前这些内容都受施工时间的限制而无法实现。

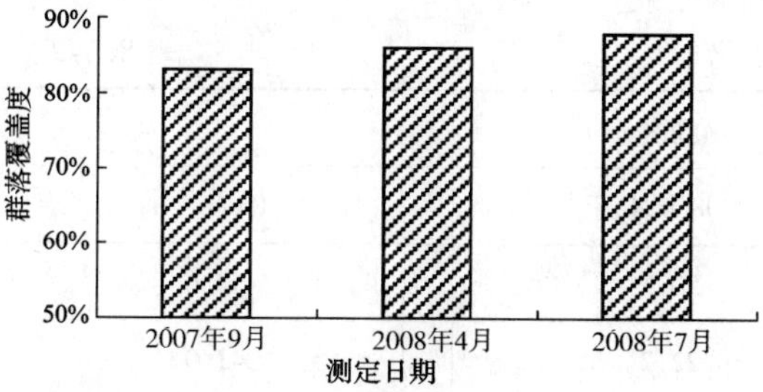

图 8.5-11　岩石坡面植被恢复群落覆盖度变化

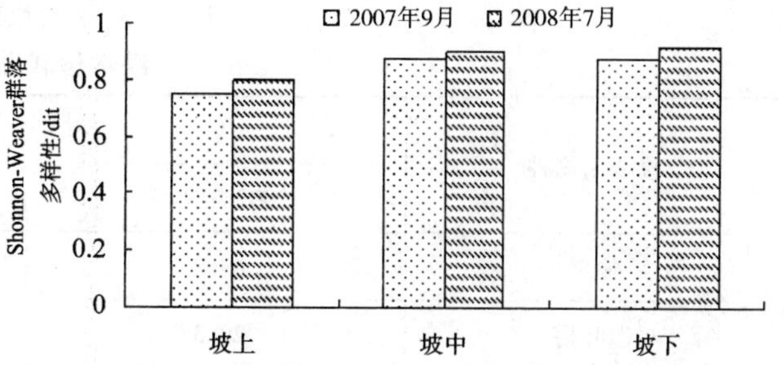

图 8.5-12　岩石生态恢复边坡群落多样性变化

5)坡面植物种类组成变化

岩石坡面植被恢复当年样地外侵入物种数为 10 种,坡面物种总数达到 13 种;第二年侵入种数为 13 种,坡面物种总数达到 16 种(表 8.5-1)。坡面物种数目的增加,主要是由于当地自然物种侵入数目的波动引起的,侵入物种以 1 年生先锋草本植物为主,由于坡面植被处于生态恢复的初级阶段,群落的结构和稳定性尚处于不断变化的过程当中,一方面极易受坡面环境和气候变化的影响而发生变化,另一方面还受到当地自然物种繁殖扩散的影响,因此,种类组成年际间表现出一定程度的不稳定性。

样地内外草本植物数量变化　　表 8.5-1

物种来源	2007 年	2008 年
初始播种物种存活数	3	3
样地外侵入物种数	10	13
总物种数	13	16

6)保育块移栽苗生长情况

(1)保育块移栽苗高度变化

2007 年 9 月、2008 年 4 月和 2008 年 7 月分别三次对岩石坡面保育块移栽苗的高度进行了测量。灌木幼苗被移栽到坡面上以后,经过良好的保育措施和养护措施生长良好,很快适应了边坡生境(图 8.5-13)。

建植当年生长季末期,榆树平均高度达到 49.7cm,荆条平均高度达到 40.1cm。榆叶梅和山杏由于移栽苗稍小,因此高度也略低,截止到 9 月份调查日期时,榆叶梅高度为 20.3cm,山杏高度为 27.8cm(表 8.5-2)。

进入建植后第 1 年(2008 年),榆树生长比较缓慢,到 7 月份高度仅增加 0.9cm。榆叶梅和山杏高度增长比较迅速,截止到 7 月份时,榆叶梅高度为 43cm,山杏高度为 47.3cm,分别增长了 112% 和 70%,另外荆条生长也较快,增长了 24%,说明相对而言,榆叶梅、山杏和荆条更适合半干旱区的岩石边坡恢复后生长。

a)　　b)

图 8.5-13　保育块移栽苗高生长测定

灌木移栽苗高度变化　　表 8.5-2

移栽苗物种	高度(cm)		
	2007 年 9 月	2008 年 4 月	2008 年 7 月
榆树	49.7	50.1	50.6
榆叶梅	20.3	22.7	43.0
山杏	27.8	38.1	47.3
荆条	40.1	44.3	49.8

(2)保育块移栽苗基径变化

基径也是衡量植物生长速率和发育情况的重要指标。对于木本植物来说,其生长主要包括垂直生长和水平生长,而这两种形态的变化是同时进行的,因此乔(灌)木移栽苗的基径是随着其高度的变化而变化的。另外,乔(灌)木水平生长的趋势还受到植物密度制约、光合作用竞争等其他因素的影响。从表 8.5-3 可以看出,榆树、榆叶梅、山杏、荆条四种乔灌木的基径生长速率有一定差异,其中山杏的水平生长最为迅速,其次分别为榆叶梅、荆条和榆树。

此外,我们还可以发现这四种乔灌木从 2007 年 9 月 ~2008 年 4 月的水平生长量要略低于 2008 年 4 月 ~7 月的水平生长量,说明乔灌木进入 9 月份生长末期以后水平增长速率有所下降,基径的增粗阶段主要还是集中于每年的 7 ~9 月生长旺盛季节。

灌木移栽苗基径变化　　表 8.5-3

移栽苗物种	基径(cm)		
	2007 年 9 月	2008 年 4 月	2008 年 7 月
榆树	0.48	0.53	0.55
榆叶梅	0.20	0.30	0.46
山杏	0.28	0.42	0.70
荆条	0.47	0.53	0.59

(3)保育块移栽苗成活率变化

建植当年,四种被调查乔灌木移栽苗的成活率均为 100%,植株生长良好,表明植物已经初步适应新的坡面生境。建植后第 1 年(2008 年)4 月份调查结果显示,榆树移栽苗有部分死亡,成活率为

94%，说明由于草本植物竞争或在坡面越冬条件的限制下，部分榆树被淘汰出局，其他物种的越冬情况良好（表8.5-4）。而在2008年7月份的调查结果中显示，山杏的成活率表现出迅速下降，榆树的成活率也继续降低，说明在4～7月份生长季内大部分的山杏死亡，榆树陆续有死亡。根据数据的分析和现场调研，这主要是草本植物在生长季内生长旺盛，对山杏和榆树产生了强烈的种间竞争所导致的，另外也表现出山杏和榆树的坡面耐旱性能稍差。由于坡面严酷生境的制约，再加上草本植物对其地上光照资源、地下水资源的竞争，使某些乔灌木在生长季内被淘汰出群落物种组成。而荆条和榆叶梅则表现出了对边坡生境的良好适应性，是半干旱地区岩石边坡木本植物适宜选用的优良物种。

乔灌木移栽苗成活率 表8.5-4

移栽苗物种	成活率		
	2007年9月	2008年4月	2008年7月
榆树	100%	94%	75%
山杏	100%	100%	45%
榆叶梅	100%	100%	100%
荆条	100%	100%	100%

8.5.4 建立评价模型

参照已有研究成果，本指南根据植被护坡工程生态效果评价的特点，进行综合分析评价。其评价过程如下：

(1)建立评价指标的层次结构

大类指标：F_i 为大类指标。

单项指标：F_{ij}为第 i 大类指标内，第 j 个单项指标的分值。

(2)各级指标分值的确定方法

①单项指标的平均值可以根据指标的类型，按照具体的评价调查表得到。

②大类指标评价值是对单项指标的进一步汇总。

$$F_i = \sum W_{ij} F_{ij} (i = 1,2,3\cdots; j = 1,2,3\cdots) \tag{8.5-1}$$

式中：W_{ij}——第 i 大类指标内部第 j 类单项指标的权重；

F_{ij}——第 i 大类指标内部第 j 类单项指标分值。

③综合评价值的计算。

综合评价值是对于大类指标评价值的进一步综合，它的大小反映了整个公路植被恢复效果的好坏，计算公式如下：

$$A = \sum_{i=1}^{1} W_i \cdot F_i \tag{8.5-2}$$

式中：A——植被护坡工程生态效果综合评价指数；

$W_i \cdot F_i$——某评价指标下的评价分数值；

W_i——第 i 大类指标的权重；

F_i——第 i 大类指标的评价分值。

8.5.5 评价实施

评价的实施是根据评判对象路域植被护坡工程生态效果的各种实际调查数据、实验数据、工程基础数据，采用模糊数学对各个评价指标进行定量估算，然后由判断专家小组的每一个成员根据已确定的评价等级依次对各个指标进行评价。具体计算过程如表8.5-5～表8.5-7所示。

植被护坡工程生态效果评价指标权重赋值表　　表 8.5-5

评价目标	评价准则层 F_i	权重 W_i	评价指标层 F_{ij}	权重 W_{ij}
边坡植被恢复效果	土壤—植被系统质量（F_1）	0.8	植被生物量 F_{11}	0.15
			草本植物覆盖度 F_{12}	0.15
			物种多样性 F_{13}	0.15
			土层厚度 F_{14}	0.14
			土壤硬度 F_{15}	0.08
			土壤有机质含量 F_{16}	0.15
			土壤质地 F_{17}	0.1
			pH 值 F_{18}	0.08
	景观质量变化（F_2）	0.2	植被覆盖度 F_{21}	0.4
			近自然程度 F_{22}	0.3
			植被绿期 F_{23}	0.3

植被护坡工程生态效果评价指标实测值和隶属度值　　表 8.5-6

评价指标层 F_{ij}	实测值 X_i	b	a	隶属度
植被生物量 F_{11}	200	400	0	0.50
草本植物覆盖度 F_{12}	70	80	30	0.80
物种多样性 F_{13}	13	16	3	0.77
土层厚度 F_{14}	20	10	60	0.80
土壤硬度 F_{15}	18	13	30	0.71
土壤有机质含量 F_{16}	1.48	2.23	0.5	0.57
土壤质地 F_{17}	30	15	50	0.57
pH 值 F_{18}	7.44	7.8	7	0.55
植被覆盖度 F_{21}	75	95	30	0.69
近自然程度 F_{22}	6	10	0	0.60
植被绿期 F_{23}	150	170	0	0.88

植被护坡工程生态效果综合评价指标分值　　表 8.5-7

总分值	评价准则层 F_i	分值	评价指标层 F_{ij}	分值
0.68	土壤—植被系统质量（F_1）	0.531	植被生物量 F_{11}	0.075
			草本植物覆盖度 F_{12}	0.120
			物种多样性 F_{13}	0.115
			土层厚度 F_{14}	0.112
			土壤硬度 F_{15}	0.056
			土壤有机质含量 F_{16}	0.085
			土壤质地 F_{17}	0.057
			pH 值 F_{18}	0.044
	景观质量变化（F_2）	0.144	植被覆盖度 F_{21}	0.277
			近自然程度 F_{22}	0.180
			植被绿期 F_{23}	0.265

植被护坡工程生态效果综合评价指标分值是由分指数叠加得出，具有适宜研究多属性、多因子评价体系结构的特点，根据其综合评价指数 A 划分为不同的等级。

根据现场实地勘察及调查，可得出植被护坡工程生态效果综合评价指标分值分级的标准如表

8.1-3所示。

8.5.6 评价结果分析

从表8.5-7和表8.1-3可以看出，调查路段植被护坡工程生态效果良好。$A=0.68$，处于“良”等级。调查路段植被覆盖度达到75%，绿期为150d。生态工程类型主要包括：客土喷播、厚层基材喷附和保育块技术等。各类技术的合理综合实施，草本覆盖度不至于过高导致灌木死亡，尤其是保育块技术使得灌木处于一个相对较好的生境，促进其生长，因而，物种多样性趋于合理。由于人为客土的加入使得表层土壤质地、有机质含量和pH值等发生改变，土壤质量得以改善，当地植物入侵增多。当地物种的增多，使得坡面从景观美学角度上逐步自然化，说明植被护坡工程生态效果良好，并处于一个动态变化阶段，逐步接近自然。

附件

附件一:公路自然区划标准(JTJ 003—86)
附件二:公路水路交通运输“十二五”发展规划思路(草案)
附件三:国家和交通运输部关于路域生态建设的政策
附件四:内蒙古自治区人民政府关于进一步加快公路建设的意见
附件五:其他相关技术简介
附件六:建设生态文明　促进和谐发展

附件一

公路自然区划标准(JTJ 003—86)

交通部公路规划设计院　主编/1987年1月1日施行

目　　录

第一章　总则

第 1.0.1 条　区划的目的

为区分不同地理区域自然条件对公路工程影响的差异性，并在路基、路面的设计、施工和养护中采取适当的技术措施和采用合适的设计参数，以保证路基、路面的强度和稳定性，特制定本标准。

第 1.0.2 条　区划的原则和方法

自然区划以自然气候因素的综合性和主导性相结合为原则，采用地理相关分析为基础的主导标志法，从分析自然综合情况与公路工程的实际关系出发，选出具有分区意义的主导标志。在确定区界时，还需进行地理相关分析对区界进行修正，以求其同一区内有相似的公路工程自然环境。但综合性或主导因素原则，均应遵循地带性和非地带性理论。

第 1.0.3 条　区划的分级

为使自然区划便于在实践中应用，结合我国地理、气候特点，将全国的公路自然区划分为三个等级。

一级区划首先将全国划分为多年冻土、季节冻土和全年不冻三大地带，再根据水热平衡和地理位置，划分为冻土、湿润、干湿过渡、湿热、潮暖、干旱和高寒七个大区。二级区划是在一级区划的基础上以潮湿系数为主进一步划分。三级区划是在二级区划内划分更低一级的区域或类型单元。本标准仅规定一、二级区划，其具体划分详见“全国公路自然区划图”，见附图 1。

第 1.0.4 条　标准适用范围

本标准为在公路规划、设计中考虑不同地理区域的自然条件对公路工程的影响，特别为在路基、路面的设计、施工、养护中确定技术措施和设计参数提供了依据，适用于新建和改建的公路工程。

第 1.0.5 条　区划的采用

各级自然区划在具体使用时应结合当地特点，特别在各区的分界处，应根据本标准的有关规定论证确定。三级自然区划由各地按有关规定自行划分。

第二章 一级区划

第 2.0.1 条 一级区划的主要依据与指标

以全国性的纬向地带性和构造区域性为依据，根据对公路工程具有控制作用的地理、气候因素来拟订。对纬向性的，特别是东部地区的界线，采用了气候指标；对非纬向性的，特别是在西部地区的界限，则较多地强调构造和地貌因素；中部个别地区则采用土质作指标。

第 2.0.2 条 一级区划的主要指标

根据我国地理、地貌、气候等因素，以均温等值线和三阶梯的两条等高线作为一级区划的标志。

一、全年均温 -2℃等值线。在一般情况下，地面大气温度达到 -2℃时，地面土开始冻结。因此，它大体上是区分多年冻土和季节冻土的界线。

二、一月份均温 0℃等值线，是区分季节冻土和全年不冻的界线。

三、我国地势的三级阶梯的两条等高线。

1. 1 000m 等高线：走向北偏东，自大兴安岭，南下太行山、伏牛山、武当山、雪峰山、九万山、大明山至友谊关而达国境。

2. 3 000m 等高线：走向自西向东，后折向南。西起帕米尔、沿昆仑山、阿尔金山、祁连山，南下西倾山、岷山、邛崃山、夹金山、大小相邻、锦屏山、雪山、云岭而达国境 。

由于三级阶梯的存在，通过地形的高度和阻隔，使其气候具有不同的特色，也成为划分一级区划的主要标志。

第 2.0.3 条 一级自然区

根据不同地理、气候、构造、地貌界线的交错和叠合，将我国划分为七个一级自然区，即：Ⅰ、北部多年冻土区，Ⅱ、东部温润季冻区，Ⅲ、黄土高原干湿过渡区，Ⅳ、东南湿热区，Ⅴ、西南潮暖区，Ⅵ、西北干旱区，Ⅶ、青藏高寒区。

区划的特征与指标见表 2.0.3，一级区的自然条件和对公路设计的要求见附录一。

一级区划的特征与指标 表 2.0.3

代号	一级区名	平均温度(℃)	平均最大冻深(cm)	潮湿系数 K	地势阶梯	新构造特征	土质带
Ⅰ	北部多年冻土区	全年 <0	>200	0.50~1.00	东部 1 000m 等高线两侧	大面积中等或微弱上升,差异运动不大	棕黏性土
Ⅱ	东部温润季冻区	1 月 <0	10~200	0.50~1.00	东部 1 000m 等高线以东	大面积下降,差异运动强弱不一	棕黏性土,黑黏性土,冲积土,软土
Ⅲ	黄土高原干湿过渡区	1 月 <0	20~140	0.25~1.00	东部 1 000m 等高线以西,西南 3 000m 等高线以东	大面积上升,幅度不大,夹有长条形中等沉降	黄土
Ⅳ	东南湿热区	1 月 >0,全年 14~22	<10	1.00~2.25	东部 1 000m 等高线以东	大部分地区上升,局部地区下降差异运动微弱	下蜀土,黄棕黏性土,红黏性土,砖红黏土,软土
Ⅴ	西南潮暖区	1 月 >0,全年 14~22	<20	1.00~2.00	东部 1 000m 等高线以西,西南 3 000m 等高线以东	大面积中等上升,差异运动强弱不一	紫黏土,红色石灰土,砖红黏性土
Ⅵ	西北干旱区	全年 <10 山区垂直分布	东部 100~250 西部 40~100	东部 0.25~0.5, 西部 <0.25	东部 1 000m 等高线以西,西南 3 000m 等高线以北	大面积或长条形上升与盆地下降相同	栗黏性土,砂砾土,碎石土
Ⅶ	青藏高寒区	全年 <10, 1 月 <0	除南端外 40~250	0.25~1.50	西南 3 000m 等高线以西以南	大面积强烈上升,差异运动显著	砂砾土,软土

第三章　二、三级区划

第 3.0.1 条　二级区划的主导因素与标志

二级区划仍以气候和地形为主导因素，但具体标志与一级区划有显著差别。一级自然区有其共同标志，即：气候因素是潮湿系数 K 值，地形因素是独立的地形单元。二级区的划分则需因区而异，将上述标志具体化或加以补充，其标志是以潮湿系数 K 为主的一个标志体系。

潮湿系数 K 值按全年的大小分为六个等级：

过湿区	$K>2.00$
中湿区	$2.00\geqslant K>1.50$
湿润区	$1.50\geqslant K>1.00$
润干区	$1.00\geqslant K>0.50$
中干区	$0.50\geqslant K>0.25$
过干区	$K<0.25$

有关潮湿系数 K 值和蒸发力的计算公式规定如下：

$$K=R/Z \tag{3.0.1-1}$$

式中：R——年降水量（mm）；

Z——年蒸发量（mm）。

年蒸发量 Z 无法直接测定，只能用蒸发力（可能的蒸发量）E_T 来代替 Z 计算。蒸发力 E_T 的计算，采用 H · L 彭曼公式（详细内容见附录二）。

$$E_T=F\cdot E_0 \tag{3.0.1-2}$$

式中：F——季节系数，见附录二；

E_0——水面蒸发量（mm）。

第 3.0.2 条　二级自然区

根据二级区划的主导因素与标志，在全国七个一级自然区划内又分为 33 个二级区和 19 个副区（亚区），共有 52 个二级自然区。它们的区界与名称如下（各二级区自然条件对公路工程的影响见附录三）。

Ⅰ　北部多年冻土区中有：$Ⅰ_1$ 连续多年冻土区，$Ⅰ_2$ 岛状多年冻土区 。该区划的特征与指标见表 3.0.2-1。

Ⅱ　东部温润季冻区中有：$Ⅱ_1$ 东北东部山地润湿冻区，$Ⅱ_{1a}$三江平原副区，$Ⅱ_2$ 东北中部山前平原重冻区，$Ⅱ_{2a}$辽河平原冻融交替副区，$Ⅱ_3$ 东北西部润干冻区，$Ⅱ_4$ 海滦中冻区，$Ⅱ_{4a}$冀北山地副区，$Ⅱ_{4b}$旅大丘陵副区，$Ⅱ_5$ 鲁豫轻冻区，$Ⅱ_{5a}$山东丘陵副区。该区划的特征与指标见表 3.0.2-2。

Ⅲ　黄土高原干湿过渡区中有：$Ⅲ_1$ 山西山地、盆地中冻区，$Ⅲ_{1a}$雁北张宣副区，$Ⅲ_2$ 陕北典型黄土高原中冻区，$Ⅲ_{2a}$榆林副区，$Ⅲ_3$ 甘东黄土山地区，$Ⅲ_4$ 黄渭间山地、盆地轻冻区。该区划的特征与指标见表 3.0.2-3。

Ⅳ　东南湿热区中有：$Ⅳ_1$ 长江下游平原润湿区，$Ⅳ_{1a}$盐城副区，$Ⅳ_2$ 江淮丘陵、山地润湿区，$Ⅳ_3$ 长江中游平原中湿区，$Ⅳ_4$ 浙闽沿海山地中湿区，$Ⅳ_5$ 江南丘陵过湿区，$Ⅳ_6$ 武夷南岭山地过湿区，$Ⅳ_{6a}$ 武夷副区，$Ⅳ_7$ 华南沿海台风区，$Ⅳ_{7a}$台湾山地副区 ，$Ⅳ_{7b}$海南岛西部润干副区，$Ⅳ_{7c}$南海诸岛副区。该区划的特征与指标见表 3.0.2-4。

Ⅴ　西南潮暖区中有：V_1 秦巴山地润湿区，V_2 四川盆地中湿区，V_{2a}雅安、乐山过湿副区，V_3三西、贵州山地过湿区，V_{3a}滇、南桂西润湿副区，V_4 川、滇、黔高原干湿交替区，V_5 滇西横断山地区，V_{5a}大理副区。该 区划的特征与指标见表3.0.2-5。

Ⅵ　西北干旱区中有：VI_1 内蒙草原中干区，VI_{1a}河套副区，VI_2 绿洲—荒漠区，VI_3 阿尔泰山地冻土区，VI_4 天山—界山山地区，VI_{4a}塔城副区，VI_{4b}伊犁河谷副区。该区划的特征与指标见表3.0.2-6。

Ⅶ　青藏高寒区中有：VII_1 祁连—昆仑山地区，VII_2 柴达木荒漠区，VII_3 河源山原草甸区，VII_4 羌塘高原冻土区，VII_5 川藏高山峡谷区，VII_6 藏南高山台地区，VII_{6a}拉萨副区，该区划的特征与指标见表3.0.2-7。

第3.0.3条　三级区划的方法

三级区划是二级区划的进一步划分。三级区划的方法有两种，一种是按照地貌、水文和土质类型将二级区进一步划分为若干类型单位的类型区别；另一种是继水热、地理和地貌等为标志将二级区进一步划分为若干更低级区域的区域划分。各地可根据当地的具体情况选用。

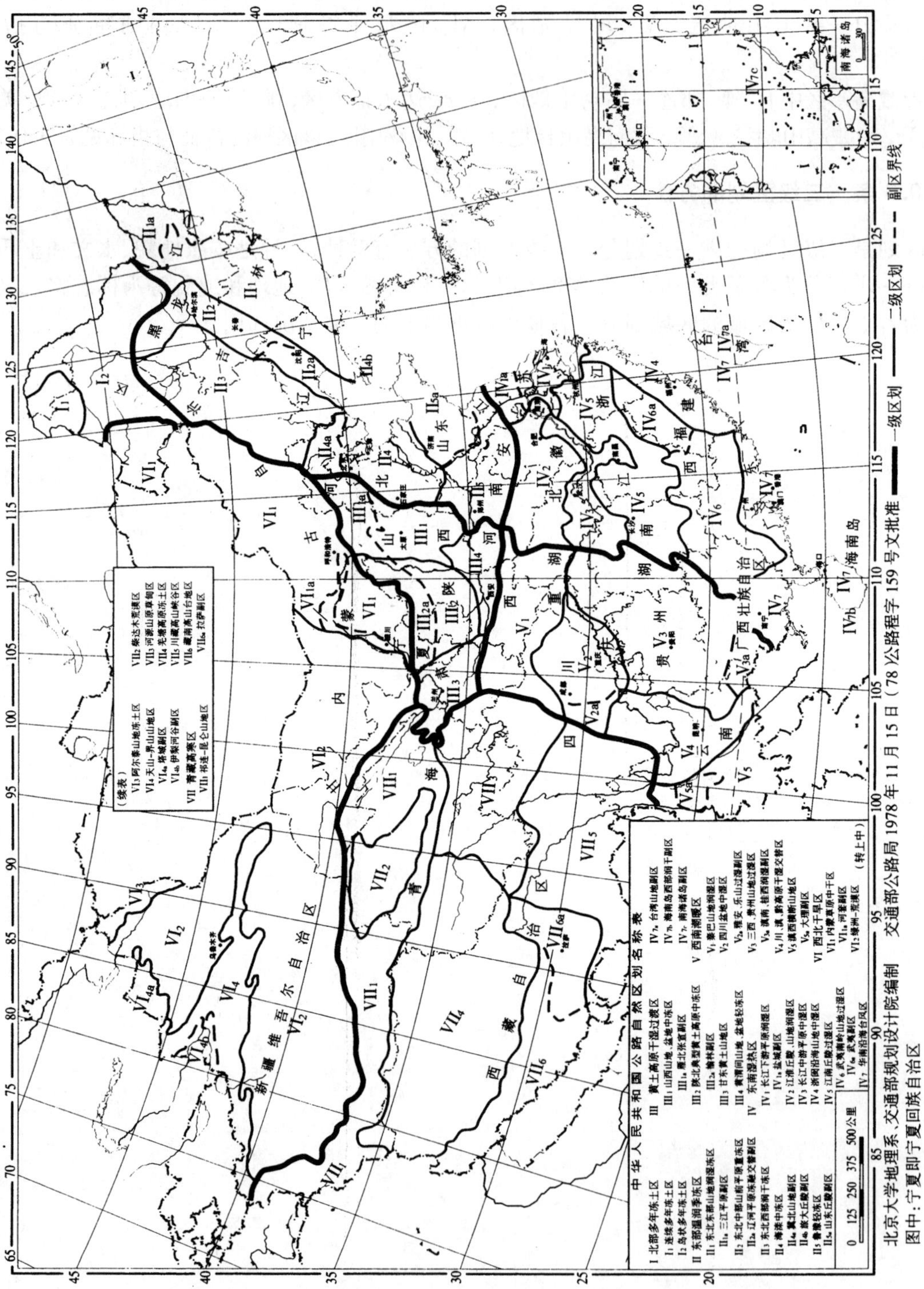

附图1　全国公路自然区划图

二级区划Ⅰ的特征与指标

表3.0.2-1

二级区名（包括副区）	水热状态						地表情况		
	潮湿系数 K	年降水量（mm）	雨型	多年平均最大冻深（cm）	最高月平均地温（℃）	地下水埋深（m）	地貌类型	地表切割深度（m）	土质和岩性
$Ⅰ_1$ 连续多年冻土区	0.75~1.00	400~600	夏、秋雨	>300	< 30	1~3	湿润丘陵、重丘、低山和中山	北部<200 南部200~500	棕黏性土，砂性土，粗粒岩
$Ⅰ_2$ 岛状多年冻土区	0.5~1.00	400~600	夏、秋雨	230~300	< 30	1~3	湿润重丘、低山和中山	200~500	黏性土和砂性土为主，粗粒岩

二级区划Ⅱ的特征与指标

表3.0.2-2

二级区名（包括副区）	水热状态						地表情况		
	潮湿系数 K	年降水量（mm）	雨型	多年平均最大冻深（cm）	最高月平均地温（℃）	地下水埋深（m）	地貌类型	地表切割深度（m）	土质和岩性
$Ⅱ_1$ 东北东部山地润湿冻区	0.75~1.50	600~1 200	夏雨	80~250	<30.0	一般>0 洼地，谷地1~1.5	湿润重丘低山为主，其次为冲积平原和沼泽	大部为200~500	棕黏性土、砂性土、粗粒岩
$Ⅱ_{1a}$ 三江平原副区	0.75~1.00	600~800	夏雨	150~200	<30.0	<1	沼泽、平原为主	除完达山外大部分为平原	内陆软土
$Ⅱ_2$ 东北中部山前平原重冻区	0.25~1.25	400~600	夏雨	120~240	<30.0	一般>3 谷地1~3	冲积平原阶地或洪积扇	大部分为平原	黑黏性土、内陆软土
$Ⅱ_{2a}$ 辽河平原冻融交替副区	0.75~1.25	600~800	夏雨	80~120	<30.0	一般1~2 海滨<1	冲积平原或海边软土平原	大部分为平原	冲积土和沿海软土
$Ⅱ_3$ 东北西部润干冻区	0.50~0.75	200~600	夏雨	100~240	<30.0	一般1~3 山前>3	重丘、低山冲积平原、阶地，并有沙地分布	大部分为平原或高差为200~500的丘陵	粟黏性土冲积土和砂砾土，粗粒花岗岩流纹岩
$Ⅱ_4$ 海滦中冻区	0.50~0.75	400~800	夏、秋雨	40~100	30~32.5	一般1~4 海滨<1	大部分为冲积平原，三角洲，海边为软土平原	大部分为平原	冲积土和沿海软土
$Ⅱ_{4a}$ 冀北山地副区	0.75~1.00	600~800	夏、秋雨	100~120	<30	一般>4 谷地2~4	湿润中山，低山和重丘	200~500	冲积土，粗粒岩和细粒岩

续上表

二级区名（包括副区）	水热状态						地表情况		
	潮湿系数 K	年降水量（mm）	雨型	多年平均最大冻深（cm）	最高月平均地温（℃）	地下水埋深（m）	地貌类型	地表切割深度（m）	土质和岩性
Ⅱ$_{4b}$ 旅大丘陵副区	0.75~1.00	600~800	夏、秋雨	60~80	<30	>3	湿润丘陵	微丘	棕黏性土、粗粒岩
Ⅱ$_{5}$ 鲁豫轻冻区	0.50~1.00	600~800	夏、秋雨	10~40	30~32.5	一般2~3 海滨<2	冲积平原	平原	冲积土
Ⅱ$_{5a}$ 山东丘陵副区	0.75~1.25	600~1 000	夏、秋雨	30~50	<30	一般>3 谷地，海滨<3	湿润丘陵、重丘和低山局部为中山	<200 或200~500	棕黏性土和砂砾土粗粒岩和可溶岩

二级区划Ⅲ的特征与指标　　表 3.0.2-3

二级区名（包括副区）	水热状态						地表情况		
	潮湿系数 K	年降水量（mm）	雨型	多年平均最大冻深（cm）	最高月平均地温（℃）	地下水埋深（m）	地貌类型	地表切割深度（m）	土质和岩性
Ⅲ$_{1}$ 山西山地、盆地中冻区	0.5~1.00	400~600	夏、秋雨	40~100	25~30	一般>3 盆地1~3	湿润中山和冲积平原	山地500~1 000，盆地部分为平原	黄土和黄土状土；粗粒岩、可溶岩
Ⅲ$_{1a}$ 雁北张宣副区	0.5~0.75	400~600	夏、秋雨	100~140	25~30	一般>3 盆地1~3	湿润中山和冲积平原	山地500~1 000，盆地部分为平原	黄土状土；粗粒岩、可溶岩
Ⅲ$_{2}$ 陕北典型黄土高原中冻区	0.5~1.00	400~600	夏、秋雨	40~100	25~30	河谷<3 塬>20	黄土峁、梁、塬为主	大部<200 局部200~500	黄土和黄土状土
Ⅲ$_{2a}$ 榆林副区	0.50~0.75	400~600	夏、秋雨	100~120	25~30	河谷<3 塬>20	黄土峁、梁、塬为主、局部流砂	大部200~500	黄土和黄土状土、砂砾土
Ⅲ$_{3}$ 甘东黄土山地区	0.25~0.75	200~600	夏、秋雨	80~100	25~30	河谷<3 塬>20	黄土梁、塬为主	<200	黄土和黄土状土、山区为细粒岩
Ⅲ$_{4}$ 黄渭间山地、盆地轻冻区	0.50~1.00	600~800	夏、秋雨	15~40	30~32.5	一般>3 河谷<1.5	湿润重丘，低山和中山、黄土梁和冲积平原分布其中	边缘山地500~1 000，部分为平原	黄土状土和黄土粗粒岩

表 3.0.2-4

二级区划Ⅳ的特征与指标

二级区名（包括副区）	水热状态：潮湿系数 K	水热状态：年降水量（mm）	水热状态：雨型	水热状态：最高月 K 值	水热状态：最大月雨期长度（天数）	水热状态：最高月平均地温（℃）	水热状态：地下水埋深（m）	地表情况：地貌类型	地表情况：地表切割深度（m）	地表情况：土质和岩性
Ⅳ$_1$ 长江下游平原润湿区	1.00～1.50	1 000～1 400	春雨 梅雨	2.0～3.0	2.5～3.5	30～35	一般 1～2 海滨湖滨＜1	海滨和内陆为软土平原，冲积平原和三角洲	平原	沿海软土和内陆软土、冲积土
Ⅳ$_{1a}$ 盐城副区	1.00～1.40	930～1 150	夏、秋雨	1.8～2.2	—	31.5～32.8	一般 1～2 海滨湖滨＜1	海滨和内陆为软土平原，冲积平原和三角洲	平原	沿海软土和内陆软土、冲积土
Ⅳ$_2$ 江淮丘陵、山地润湿区	1.00～1.50	1 000～1 600	夏、秋雨 梅雨	1.5～2.5	3.0～3.5	30～35	一般＞3 丘陵间盆地 1.5～2.0	冲积平原阶地和湿润丘陵，重丘与低丘为主，局部为中山	大部为≤200 或 200～500，局部为 500～1 000	黄棕黏性土、下蜀土，粗粒岩
Ⅳ$_3$ 长江中游平原中湿区	1.25～1.75	1 200～1 800	春雨 梅雨	2.5～4.0	3.6～4.0	32.5～35	一般 1～2 湖滨＜1	冲积平原和内陆软土平原	平原	冲积土和内陆软土，局部为下蜀土
Ⅳ$_4$ 浙闽沿海山地中湿区	1.00～2.00	1 400～2 200	台风 暴雨	2.0～3.5	3.0～4.5	≥35	谷地 1～3 山岭＞5	湿润重丘低山、局部为中山	大部为 200～500	红黏性土，局部为沿海软土，粗粒岩
Ⅳ$_5$ 江南丘陵过湿区	1.5～2.25	1 400～2 000	梅雨 秋雨 伏旱	3.5～5.0	4.0～4.5	25～32.5	谷地 2～3	湿润丘陵局部分布有山地	一般≥200，局部为 200～500	红黏性土，细粒岩
Ⅳ$_6$ 武夷南岭山地过湿区	1.5～2.25	1 400～2 000	春、夏雨	3.0～4.5	3.5～4.5	30～35	谷地 2～3 山岭＞5	湿润中山和低山重丘	大部为 500～1 000，局部为≥1 000	红黏性土粗粒岩、细粒岩、可溶岩
Ⅳ$_{6a}$ 武夷副区	1.75～2.25	1 800～2 600	梅雨 夏雨	3.5～4.5	4.0～5.0	25～32.5	＞5	湿润中山	＞1 000	红黏性土、粗粒岩
Ⅳ$_7$ 华南沿海台风区	0.75～2.0	1 600～2 600	夏雨和 台风 暴雨	2.0～3.0	2.5～4.5	30～32.5	一般＞3 海滨＜1	湿润丘陵重丘、低山、沿海有三角洲平原	平原或≤200，局部为 200～500	砖红色黏性土、沿海软土、粗粒岩
Ⅳ$_{7a}$ 台湾山地副区	1.50～2.75	2 000～2 800	夏雨和 台风 暴雨	＞3.0	2.5～3.0	≤30	＞3	湿润中山高山地	500～1 000 或≥1 000	北部为红黏性土，南部为砖红黏性土，细粒岩、粗粒岩
Ⅳ$_{7b}$ 海南岛西部润干副区	0.50～0.75	800～1 600	台风雨	＜3.0	＜3.0	32.5～35.0	1～3	沿海为稀林草原阶地	平原或＜200	砖红色黏性土
Ⅳ$_{7c}$ 南海诸岛副区		1 600～2 000	对流雨 台风雨			32.5～35		珊瑚岛	平原	砖红色黏性土

表 3.0.2-5

二级区划Ⅴ的特征与指标

二级区名（包括副区）	水热状态							地表情况		
	潮湿系数 K	年降水量（mm）	雨型	最高月 K 值	最大月雨期长度（天数）	最高月平均地温（℃）	地下水埋深（m）	地貌类型	地表切割深度（m）	土质和岩性
V_1 秦巴山地润湿区	1.00～1.50	800～1 400	夏、秋雨	2.0～3.0	3.0～3.5	25～32.5	埋深不定	湿润中山局部为高山	大部分为 500～1 000，局部为 <200	黄棕黏性土，粗粒岩为主
V_2 四川盆地中湿区	1.25～1.75	1 000～1 400	夏雨 秋雨	2.0～3.0	3.5～4.5	30～32.5	丘陵 >2 谷地、成都平原 1～2	冲积平原和湿润丘陵，边缘为重丘，低山	大部为 <200，东南部为 500～1 000，西部为平原	紫黏性土，细粒岩为主
V_{2a} 雅安、乐山过湿副区	1.75～2.75	1 200～2 200	全年多雨 秋雨量多	3.0～4.5	4.0～5.5	<30	—	湿润中山和丘陵盆地	大部分 500～1 000	紫黏性土，细粒岩、粗粒岩
V_3 三西、贵州山地过湿区	1.50～2.00	1 000～1 400	全年多雨	2.5～4.0	4.0～5.0	20.0～32.5	埋深不定	湿热喀斯特山地和波状高原，湿润重丘、低山和中山	大部分为 200～500，局部为 <200 或 500～1 000	红色石灰岩、红黏性土、可溶岩
V_{3a} 滇南、桂西润湿副区	1.00～1.50	1 000～1 600	夏雨 秋雨	1.5～3.0	3.0～4.0	25～30	谷地 2～4 山岭 >5	湿热喀斯特山地	大部分为 200～500，局部 <200 或 500～1 000	砖红黏性土，可溶岩
V_4 川、滇、黔高原干湿交替区	0.50～1.00	600～1 000	夏雨 秋雨	1.5～2.5	4.5～5.0	25～30	—	湿润中山或高山，湿热喀斯特波状高原，坝子分布其间	西北部为 500～1 000，中部 <200，南部为 200～500	红黏性土，粗粒岩
V_5 滇西横断山地区	1.00～2.00	1 200～1 600	夏雨	2.0～5.0	5.0～12.0	20～30	—	湿润中山和高山，有坝子零星分布	大部分 >1 000，南部为 500～1 000	粗粒岩、细粒岩、可溶岩
V_{5a} 大理副区	1.00～1.50	800～1 800	夏雨	2.0～4.0	4.0～5.5	20～30	—	湿热中山和坝子	大部分 >1 000，南部为 500～1 000	砖红黏性土、细粒岩、粗粒岩

二级区划Ⅵ的特征与指标

表 3.0.2-6

二级区名（包括副区）	水热状态						地表情况		
	潮湿系数 K	年降水量（mm）	雨型	多年平均最大冻深（cm）	最高月平均地温（℃）	地下水埋深（m）	地貌类型	地表切割深度（m）	土质和岩性
$Ⅵ_1$ 内蒙草原中干区	0.25～0.50	150～400	夏雨	140～240	<30	一般2～4，谷地洼地1～2	干旱残积平原。丘陵、沙漠局部分布溶岩台地和冲积平原	大部分为平原或≤200	粟黏性土和砂砾土，粗粒岩
$Ⅵ_{1a}$ 河套副区	<0.25	150～200	夏雨	100～140	<30	<1.5	冲积平原	平原	黏性土和砂性土
$Ⅵ_2$ 绿洲—荒漠区	<0.25，其中塔里木至甘西<0.05	<150，其中塔里木至甘西≤50	夏雨或无雨	<100	30～40	绿洲≤3，荒漠≥5	沙漠、岩漠、砾漠、干旱残积平原、盐碱化湖积平原和冲积平原	大部分为平原	砂砾土和黏性土为主，局部有黄土，粗粒岩为主
$Ⅵ_3$ 阿尔泰山地冻土区	0.25～0.50	200～400	夏雨	≥150	<30	>3	高山	>1 000	粗粒岩
$Ⅵ_4$ 天山—界山山地区	0.25～1.00	200～600	夏雨	100～150	≤30	≥5	高山和冰川雪山，局部有高寒砾漠	500～1 000或≥1 000	砂砾土和黏性土为主，局部有黄土，粗粒岩为主
$Ⅵ_{4a}$ 塔城副区	0.25～0.50	≤200	夏雨	≤100	<30	3～5	冲积平原和山地	平原或500～1 000	黏性土为主，砂性土和黄土状土为次，粗粒岩为主
$Ⅵ_{4b}$ 伊犁河谷副区	0.5～0.75	200～400	夏雨	50～100	>30	<3	冲积平原和阶地或洪积扇	平原	黏性土和砂性土

表 3.0.2-7

二级区划Ⅶ的特征与指标

二级区名（包括副区）	水热状态						地表情况		
	潮湿系数 K	年降水量（mm）	雨型	多年平均最大冻深（cm）	最高月平均地温（℃）	地下水埋深（m）	地貌类型	地表切割深度（m）	土质和岩性
Ⅶ$_1$ 祁连—昆仑山地区	0.25～0.50	100～400	夏雨	—	<30	山地>5，山前洪积扇 3～5	高山和冰山雪地	>100	粗粒岩、细粒岩
Ⅶ$_2$ 柴达木荒漠区	<0.25	<50	夏雨或无雨	100～200	—	西部荒漠 3～5，东部盐沼≤3	岩漠、盐碱化湖冲积平原南部边缘为沙漠	大部分为平原	砂砾土为主，局部为内陆软土，细粒岩
Ⅶ$_3$ 河源山原草甸区	0.5～1.50	200～600	夏、秋雨	—	<30	一般≥3，洼地<1	高寒平原、高寒丘陵、台源和沮洳地	200～500 或500～1 000	以粉性土和变质岩为主
Ⅶ$_4$ 羌塘高原冻土区	<0.50	<200	夏、秋雨	有多年冻土存在，北部呈连续分布，南部呈岛状分布（以安多为界）	<30 年平均温度低于 −4℃	冻结层上水发育，在河谷平原一般<1.0m，最高仅为 0.2～0.3m，呈片状连续分布	高寒丘陵、台原和高山，局部分部有砾漠凹地，沼泽湿地	台源丘陵≤200，山地为 200～1 000	以细粒岩可溶岩为主
Ⅶ$_5$ 川藏高山峡谷区	0.75～1.50	400～1 000	春雨 夏雨	—	<30	>3	高山和峡谷，局部分布有冰川、雪山	>1 000	以粉性土和变质岩为主
Ⅶ$_6$ 藏南高山台地区	<0.50	200～600	夏雨	—	<30	阶地 3～5	高山、冰川和雪山、台地和冲积平原	谷地或>1000	粗粒岩和细粒岩，河谷为砂砾土
Ⅶ$_{6a}$ 拉萨副区	0.25～0.75	400 左右	夏雨	—	<30	>3	高山，冰川和雪山、台地和冲积平原	谷地或>1 000	粗粒岩和细粒岩，河谷为砂砾土

附件二

公路水路交通运输“十二五”发展规划思路

（草案）

（摘自 http://wenku. baidu. com/view/aeb36e8fcc22bcd126ff0c5c. html）

目　　录

一、现状评价

“十一五”期交通运输行业深入贯彻落实科学发展观，紧紧围绕做好“三个服务”，加快交通基础设施建设，努力提升运输服务水平，着力加强安全保障和应急能力建设，不断强化节能减排和科技进步，积极推进体制机制改革，交通运输发展又上新台阶，成为交通运输发展速度最快、发展质量最好、服务水平提升最显著的时期之一。

“十一五”末，预计我国公路总里程将达到395 万 km，其中高速公路将突破7 万 km，二级及以上公路超过45 万 km；农村公路达到345 万 km，实现中央提出的“十一五”农村公路建设目标；公路网络进一步优化，以高速公路为骨架的干线公路网基本形成。沿海港口通过能力达到50 亿 t，煤炭、原油、铁矿石、集装箱大型专业化泊位占总通过能力比例达到40%，主要货类运输系统码头布局基本形成，通过能力、生产效率以及大型化、专业化水平都将达到世界先进水平。改善内河航道里程 5 900km，三级及以上航道里程将达到1 万 km 左右，内河水运建设规模达到历史最高水平。运输装备进一步改进和增加，公路水路客货运量持续快速增长，运输市场监管得到进一步强化，城市公共客运能力稳步提高，运输服务水平和效率得到明显提升，应急和安全保障能力得到进一步加强。公路水路交通在科研教育、信息化建设等方面取得较大进展。交通改革取得了重大突破，行业管理进一步加强。

经过“十一五”期的努力，公路水路交通运输紧张状况已实现总体缓解，公路水路交通运输不仅在拉动经济增长、应对国际金融危机、应对突发公共事件等方面发挥了积极而显著的作用，而且为保持经济平稳较快发展、加快转变增长方式、促进城乡区域协调发展、保障社会和谐稳定、进一步提高我国的综合国力和国际竞争力作出了重要贡献，也为“十二五”期公路水路交通运输发展奠定了坚实的基础。

站在新的历史起点上，面对国民经济和社会发展的新要求，公路水路交通运输发展还存在一些问题和薄弱环节，主要表现在：一是基础设施规模总量不足，结构不尽合理，养护保障能力薄弱，运输装备现代化程度低；二是运输服务，特别是道路运输服务效率、水平不高，城市公交发展不足，现代物流亟待推进；三是安全监管和救助装备设施总量不足问题仍很突出，交通应急能力亟须加强；四是交通基础设施区域、城乡发展不平衡，交通一体化进程不快；五是节能减排、环境保护和集约节约利用资源等工作还有待进一步加强，交通发展方式还比较粗放；六是交通运输在筹融资、债务、建管养体制等方面积累的深层次矛盾逐渐凸显，行业管理体制机制有待进一步完善。

二、总体思路

公路水路交通运输“十二五”发展规划的总体思路主要包括指导思想、基本原则和发展目标三部分内容。

（一）指导思想

以科学发展观为指导，围绕全面建设小康社会宏伟目标，以发展现代交通运输业为主线，着力调整交通结构、转变发展方式、提升发展质量；坚持建、养、运、管并重，统筹区域、城乡交通协调发展，积极推动综合运输体系建设，促进现代物流发展；不断推进科技进步、行业创新和从业人员素质提高，发展绿色交通，强化安全保障，提升公共服务水平，进一步提高公路水路交通运输现代化水平。

（二）基本原则

“十二五”期是深入应对金融危机的关键时期，是调整经济结构、转变发展方式的重要时期，是发展现代交通运输业的重点时期。公路水路交通运输行业要贯彻落实科学发展观，坚持全面、协调、可持续发展，着重推进交通基础设施建设，努力提高运输服务效率和水平，大力发展绿色交通，切实加强安全和应急保障能力建设。

(1)优化结构，转变发展方式，坚持公路水路交通基础设施建设又好又快发展。在科学规划的指导下，加速形成基础设施网络，提升运输能力和技术水平；立足当前，着眼长远，把应对金融危机、扩大内需、拉动经济平稳较快发展同交通运输自身的长远发展要求结合起来，在发展中优化结构、提高发展质量和效率，实现基础设施建设又好又快发展。

(2)提高运输服务效率和质量，拓展运输服务通达度和覆盖面，坚持公路水路交通运输服务与经济社会发展和人们生活改善的协调发展。把提升运输效率、降低运输成本、改善服务质量、增强通达深度作为行业发展的重要任务；坚持以人为本，切实提高客运服务水平，努力满足人们更安全、更便捷、更舒适、更个性化的出行新要求；坚持以市场为导向，以企业为主体，政府“有所为、有所不为”，积极引导运力结构优化、组织方式创新，提高货物运输的组织化程度和专业化水平，切实促进现代物流发展。

(3)高度重视环境保护，大力推进绿色交通，坚持公路水路交通运输与资源环境的和谐发展。充分依靠现代科技进步和理念创新，推动发展方式转变。以节约集约用地、实现节能减排、提高运输效率等为核心内容，以低投入、低消耗、低排放、高效率为主要特征，减少交通运输和交通设施带来的污染及对环境的其他负面影响，制订绿色交通和谐发展方案，实现经济社会和交通运输的可持续发展。

(4)强化安全意识，提升安全保障能力，坚持公路水路交通运输的安全发展。要加强全社会交通安全防范意识宣传教育，强化交通运输行业从业人员安全技能教育培训，提高运输装备的安全技术标准，完善交通基础设施的安全防护和监测能力，减少交通事故伤亡人数。要加强政府安全监管，增强人命救助和应急处置能力，建立健全交通应急保障体系，不断提高交通运输保障生命安全、经济安全和国家安全的能力。

(三)发展目标

到2015年，公路水路交通基础设施总量进一步增加，基础设施网络更加完善，养护管理能力显著增强；运输装备现代化程度进一步提高，运输结构更加合理，运输服务的效率和质量显著提升；安全和应急保障能力显著增强；资源利用效率、节能环保水平明显提高，形成“能力适应、服务优良、安全环保、保障有效”的公路水路交通运输系统，基本适应国民经济和社会发展的需要。主要指标有：

1. 基础设施

(1)继续加强高速公路建设，基本建成国家高速公路网。公路网总里程达到450万km，高速公路总里程达到10万km。

(2)重点加强国、省干线建设，国、省道连接所有县级及以上城市。二级及以上公路里程达到65万km，国、省道中二级及以上公路比例达到80%以上。

(3)继续帮扶农村公路建设，完善农村公路整体水平和服务能力，西部地区建制村通沥青(水泥)路比率明显提高，农村公路里程达到390万km。

(4)煤炭、石油、铁矿石和集装箱专业化码头合理布局基本形成，沿海港口通过能力适应度达到1.1∶1。内河高等级航道达标率达到70%，其中“两横一纵一网十线”基本达到规划等级。

2. 运输服务

(1)公路客运量约400亿人次、货运量约300亿t，年均增长分别达到约6%和7%；公路客运周转量约2万亿人公里、货运周转量5.4万亿t·km，年均增长均约7%；沿海港口货物吞吐量约80亿t，年均增长约6%；内河货运量约19亿t、货运周转量约6200亿t·km，年均增长分别达到约5%和6%。

(2)国省干线公路平均拥挤度不超过0.5，交通繁忙地区和路线平均拥挤度不超过0.8；国省干线公路平均运行时速达到70km/h；公路营运客车、货车实载率分别达到54%和58%。

(3)城市建成区公交线网密度不低于 $3km/km^2$,公交站点 300m 半径覆盖率不低于 70%。

3.安全应急

(1)水上人命救助有效率达到 93%以上,万艘运输船舶重大事故率下降 10%。

(2)监测和应急保障力量初步覆盖国省干线公路和国家高速公路网,基本覆盖全国主要港口及其进出港航道,以及沿海主通道和内河干线航道。

4.绿色交通

(1)资源、能源利用效率进一步提高,单位运输能耗明显下降。营运货车单位运输周转量能耗下降 6%,海运船舶和内河船舶单位运输周转量能耗分别下降约 8% 和 7%。

(2)公交优先战略实施取得明显成效,500 万人口以上特大城市和 100 万~500 万人口大城市公交出行分担率分别达到 35%以上和 25%以上;大中城市新增公共汽车均为欧Ⅲ以上标准,新能源公共汽车使用比例达到 5%以上。

三、发展重点

(一)继续加快交通基础设施建设

公路方面:扩大公路网规模总量,提高公路网的覆盖与通达能力,优化公路网布局,完善国家公路、省区市公路和农村公路三个层次路网,统筹发展收费公路体系和不收费公路体系。构建国家公路系统,重点推进国家高速公路建设和普通国道升级改造,将省际和区域间重要的地方高速公路纳入国家公路系统建设;优化完善省级公路网布局,扩大覆盖范围,提高整体技术水平;完善和提高农村公路整体水平,重点推进西部地区具备条件的建制村通沥青(水泥)路建设。加快推进国家公路运输枢纽建设。重点支持综合客运枢纽建设,加快公路客运枢纽及依托港口等大型货物集散地的货运枢纽站场建设,支持有条件的货运站场向物流站场或物流园区转型。

沿海港口方面:稳步推进基础设施建设,进一步完善主要货类运输系统布局。按照总体规划,抓好新港区建设,并注重现有设施技术改造,充分发挥市场在资源配置中的基础性作用,合理把握建设节奏。继续推进重点区域煤炭、外贸进口铁矿石等重点物资运输系统码头建设和布局。结合产业布局,相应建设原油码头。大力发展公用码头。加强老港区技术改造,优化港区功能布局。有序建设邮轮码头。完善陆岛交通码头建设。继续加快深水航道、防波堤等公共基础设施建设。加强港口铁路、公路集疏运通道建设。

内河水运方面:全面加快基础设施建设。重点推进高等级航道建设,全面加强长江干线航道建设;继续实施西江航运干线扩能工程;继续加强京杭运河航道建设;加快建设长江三角洲高等级航道网,基本建成并继续完善珠江三角洲高等级航道网;进一步加强长江水系、珠江水系、京杭运河和淮河水系、黑龙江和松辽水系等主要支流高等级航道建设,积极推进高等级航道航电枢纽建设。推进其他重要航道、界河航道建设。推进数字航道建设。加强主要港口规模化、专业化港区建设,集中新建一批集装箱、多用途、大宗散货等专业化泊位,拓展港口功能。加强主要港口规模化港区铁路、公路集疏运通道建设。

(二)全面提升运输效率和服务水平

运输装备方面:引导营运车船向标准化、专业化、清洁化方向发展。鼓励发展集装箱、厢式、冷藏、散装、液罐、城市配送等专用运输车辆和多轴重载大型车辆,鼓励发展大中型高档客车,大力发展适合农村客运的安全、实用、经济型客车。促进沿海运输船舶向大型化、专业化方向发展。规范和促进内河船舶大型化、标准化。加快长江干线(含川江和三峡库区)、西江航运干线船型标准化工作,继续推进京杭运河船型标准化。

运输组织方面:大力推进多式联运,提高运输的专业化、组织化和网络化水平。加快培育一批规模化、集约化、网络化运作的道路运输龙头骨干企业。进一步完善由城际快速客运、城乡公交一体化客运、农村客运和旅游客运等组成的多层次客运网络体系。以国家公路运输枢纽为主要节点，构建城际快速公路货物运输网络。大力发展甩挂运输、厢式运输、汽车列车等专业化运输。大力发展多式联运，重点推进集装箱多式联运，鼓励发展滚装运输，继续推进干支和江海直达运输，完善江海转运体系。

运输市场方面：加强运输市场环境建设，完善市场准入、退出和监管制度，促进形成统一开放、公平竞争、规范有序的运输市场。

促进现代物流发展方面：加快发展沿海港口现代航运服务业，推进主要港口的服务向内陆地区延伸，发展内陆无水港。支持沿海港口物流园区建设，鼓励内河港口发展现代物流，支持内河港口与当地保税物流中心（或保税区）和工业园区联动发展。以市场为导向、企业为主体，加快培育龙头企业和现代物流经营人，促进现代物流发展。

（三）加快推进区域、城乡交通协调发展

区域协调发展方面：认真贯彻落实国务院推进区域改革开放和经济社会发展的若干指导意见和发展规划，努力改善区域交通发展不平衡问题，加大老少边穷地区交通发展力度。以高速公路省际断头路建设为重点，加强跨区域公路通道建设，加快中西部地区国家高速公路建设，加强西部地区通村油路建设。加强中西部地区内河水运基础设施建设，加快跨区域内河高等级航道建设，有序推进新港区开发，鼓励和促进中小港口发展。消除省市间运输市场壁垒，促进区域运输市场一体化。

城乡统筹发展方面：推进城乡交通一体化进程。建立推进城乡客运一体化的协调共享机制，制定统筹城乡客运发展的经济政策，完善城乡客运一体化标准规范体系，实现城乡客运服务的有效衔接。

（四）加强公路、航道养护管理

公路养护方面：完善公路养护管理政策法规体系，规范收费公路管理，加大养护力度，提高养护技术水平，建立科学合理的公路养护市场管理体系，提高路网畅通水平。

航道养护方面：完善航道养护管理政策法规体系、养护技术体系和养护服务体系。切实加强高等级航道、运量较大航道、跨省航道、界河航道养护工作。

（五）全面增强水上安全和交通应急保障能力

水上安全方面：继续加快水上交通安全监管和救助能力建设，基本完成全国重点水域的重大设施布局和装备配置；继续推进其他内河水域的巡航救助能力建设。加快监管救助飞机和大中型船舶建设，继续推进抢险打捞、污染监测和控制清除系统建设，完善监管救助飞行基地和船舶基地布局，加强重大装备设施资源的综合利用，建立现代化的安全监管和公众服务信息系统。

应急保障方面：着力构建部、省、市、县四级交通应急体系，加快制定交通应急能力建设规划；建立跨区域交通应急信息报送和区域联动协调机制。加大重点路段和危桥、重点港口和水域的监视、监测和预警系统建设，完善四级交通应急指挥平台。部署国家级武警交通部队与地方公路交通应急物资储备中心；在国家高速公路网重点路段、沿海主要港口、内河重要航段建设应急保障物资储备点。建立应急信息管理系统，完善国家和省级运力储备制度。继续实施公路交通安全保障工程、危桥和渡口改造工程、干线公路灾害防治工程。积极推进危险品运输车辆和长途客运车辆GPS信息联网联控。

（六）大力发展绿色交通

环境保护方面：加强交通运输规划、设计、施工、运营全过程环境保护工作，促进交通运输与生态环境协调发展。积极推进生态公路和绿色港口建设。加强重点港口污染监测和应急处置能力建设，提高船舶溢油防控和污水接收处理水平。

资源利用方面：推行适应节约土地要求的公路技术政策，优化路线方案，提高公路建设用地和港口岸线使用效率。推广使用公路建设新材料、新工艺、新设备，推进交通循环经济。

节能减排方面：大力发展节能环保的运输装备，鼓励推广使用低排放车辆，建立交通节能减排监测、考核体系，推广应用港口库场机械设备“油改电”等技术。优先发展公共交通，引导私人小汽车的合理使用。

（七）着力抓好科技进步和信息化建设

科技进步方面：主要考虑科技自主创新能力建设（重点实验室和科技研发中心建设、应用基础研究装备及大型综合实验场建设、交通科技信息资源共享平台建设等）、重大和关键科技研发和科技成果应用推广；进一步提升交通人力资源体系保障能力，重点考虑管理干部培训条件与能力、交通主干学科教学与科研能力、技能型人才培养基地建设等。

信息化方面：根据“统一规划、分类建设，资源整合、业务协同、示范引领、务求实效”的原则，围绕强化分析决策、提高运行质量、服务百姓出行、保障安全应急等建设重点，进一步加强交通运输行业信息化建设，充分发挥信息化在现代交通运输业中的支撑和保障作用。

（八）切实加强城市客运管理

公交车辆方面：进一步优化车辆结构，提升运输装备水平。加快对现有车辆更新改造步伐，鼓励使用中高档、天然气、电动车、混合动力等城市公交节能环保车辆，逐步淘汰尾气排放超过国家规定标准的车辆。

服务管理方面：建设高效优质的公共交通服务网络，着力提供多层次的公共交通服务，进一步提高城市公共交通服务管理水平。加快制订城市公共交通运营服务标准和规范，建立城市公共交通服务质量考核制度和公共交通价格形成机制。加强从业人员培训，加强城市公共交通安全运营监管。

出租汽车方面：加快建立出租汽车行业稳定、规范、健康发展的长效机制，完善市场准入制度，规范运营管理，加强市场监管，维护出租汽车市场秩序。

（九）不断提高行业管理水平

加强法制建设，研究确定综合运输法规体系框架，提出有关立法项目。推进《海上交通安全法》、《水路运输管理条例》、《公路法》、《收费公路管理条例》等法律、行政法规的修订工作；加快《航道法》、《公路保护条例》、《城市公共交通条例》、《海上人命搜寻救助条例》等法律、行政法规的立法进程，加强城市出租车管理的立法研究工作。推进交通行业体制机制改革。加强交通人才队伍建设，特别是执法队伍建设。加强行业精神文明建设。

四、政策措施

（一）完善公路网规划体系

完善公路发展规划，理顺公路交通发展的中央和地方事权，进一步明确公路建设投资、运营管理导向，逐步形成层次清晰、功能完善、权责分明的公路网系统。该系统主要包括国家公路、省级公路和农村公路三个层次。调整国家高速公路和普通国道，形成以国家高速公路为主骨架、以普通国道为补充的国家公路系统。在国家公路系统框架下，推动各地开展本省（区、市）公路系统的规划工作，形成我国公路网的第二层次——省级公路体系。农村公路作为我国公路网的第三层次，由县道、乡道和村道构成。“十二五”期尽快完成各层次公路系统规划的完善工作，并以规划为指导，科学推进各层次公路系统建设，进一步优化我国公路网布局，提高运营效率和服务水平。

（二）促进区域、城乡交通协调发展，加速推进基本公共服务均等化

（1）各级政府应进一步加大对区域交通协调发展的支持力度，充分发挥政府在突破行业体制障碍、跨行业综合利用资源方面的强大优势，推动建立区域交通协调机制，不断加强不同区域在交通发展规划、基础设施建设、运输组织与管理、市场监管和政策法规等各方面的协调。

（2）各级政府特别是中央政府财政性资金应进一步加大对中西部地区特别是“老少边穷”地区交通发展的投入力度，以带动当地经济社会的全面发展。

(3)推动建立城市公共交通和农村公路客运公共财政保障体系,加大各级财政资金特别是中央预算内资金对城市公交基础设施及智能服务系统建设的投入力度,扶持农村客运发展,为社会低收入人群、年迈者和残疾人等提供基本的交通运输保障。

(三)深化公路发展体制机制改革,推进收费公路体系和不收费公路体系建设

(1)按照层级清晰、权责对等的原则,探索建立"三个层次两级管理"的模式。国家公路系统的建设、养护、运营、管理属中央事权,委托省里实施。省级交通运输主管部门下设公路管理机构,对国家公路系统和省级公路系统实行统筹管理,垂直到市。农村公路由县乡人民政府负责,实行省里指导、以县为主的管理体制。在此前提下,要理顺高速公路管理体制,逐步建立和完善以省级行政区划为单位的"一厅一局"高速公路行政管理体系,对经营性收费高速公路建立完善特许经营制度。

(2)继续坚持并进一步完善"国家投资、地方筹资、社会融资、利用外资"的良好机制,逐步建立公共财政框架下的多渠道融资机制,加大公共财政资金比重,形成促进交通运输可持续发展的资金保障机制。

(3)继续实行并完善收费公路筹资政策。按照"总量控制、严格准许、公开透明、动态监控"的原则,发展以高速公路为主的收费公路体系,同时探索允许收费期满的高速公路继续按低费率收费以筹集养护资金,并将延长年限带来的未来预期收入,用于普通公路滚动发展的融资担保,细化并进一步落实好统贷统还政策。

(4)加大政府财政投入,加快以普通公路为主体的不收费公路体系的发展,逐步形成以公共财政投入为主、各级政府责任清晰、财力和事权相匹配的投融资长效机制。努力拓宽融资渠道,探索建立国家和省级层面的公路发展基金,研究开征新专项税种,提高燃油税返还比例,保障普通公路建设和正常养护资金需求。

(四)采取有效措施,大力发展绿色交通

(1)深化城市客运行政管理体制与机制改革。实施"公交优先"战略,加大公共财政对城市公共交通的投入,综合运用经济和行政手段,探寻缓解城区交通拥堵的途径和方法,引导城市私人小汽车合理使用。

(2)加快内河水运建设。加大中央预算内资金用于内河建设的投入力度,鼓励设立地方性内河水运建设专项资金;积极引导社会资金参与内河水运建设。设立专项资金大力推进内河船型标准化。

(3)探索扶持高效、节能、环保、清洁能源车辆制造和使用以及高耗能老旧运输车船淘汰补贴的政策措施。

(4)大力发展综合运输。加强和改进各种运输方式之间的协调发展和规划编制工作,并用法律的形式予以强制。要特别注重综合运输连接线的建设,这些连接线(包括公路和铁路)将国家公路系统与港口、铁路场站、公路货运场站、机场和公共交通停靠站等各种交通设施和设备相互衔接或整合,从而根据各种运输方式的服务特点,实现航空服务的"点"、铁路服务的"线"、公路服务的"面"有机结合,达到各种运输方式优势互补,提高各种方式整体的服务效率和效能,从而达到减少土地占用、节能减排的目的。

(五)利用先进的科学技术和管理技术,改造提升传统交通运输业

加大中央预算内资金和专项基金对交通运输科技开发和信息技术应用的投入力度,加快建立多渠道、多层次、多元化的投入体系,完善相关资金使用与管理办法,强化绩效问责制度,以保持公路水路交通运输系统技术的先进性。要加快利用现代信息技术和管理技术改造提升交通运输的步伐,提高交通基础设施和运输装备的现代化水平和运营效能,提高物流系统的运输效率和服务质量,加快建设现代交通运输业。

（六）高度重视水上安全救助体系和交通应急保障体系建设，不断提高应急保障能力和专业救助水平

（1）加大中央预算内资金用于水上交通安全监管和救助装备建设的投入力度，研究建立海上搜救基金、油污损害赔偿基金等专项基金。

（2）加强立法工作，提高中国海事行使海上执法的法律层次和效力；加强国际公约的研究和履约工作，加大对公约、技术规范制订、修订的参与度，提高我国履约水平和参与国际海事事务的能力。

（3）尽快完善交通应急体系特别是公路交通应急体系建设。加快建设全国路网管理与应急处置中心，落实机构、编制和经费，建立完善的公路应急机构和平台，并尽快与国家应急平台对接；加快推进专兼结合的公路应急抢通、抢运和救援队伍建设，做好区域应急物资储备，以保证国家在遭遇突发事件或自然灾害时，公路交通能在短时间内恢复正常，保障国家安全和人民生命财产安全。

附件三

国家和交通运输部关于路域生态建设的政策

一、加快转变交通运输发展方式　开创“十二五”交通运输科学发展新局面

李盛霖部长在2011年全国交通运输工作会议上的讲话中提出2011年全国交通运输工作会议的主要任务是：深入贯彻落实党的十七届五中全会精神，按照中央经济工作会议的部署，总结“十一五”交通运输工作，明确“十二五”交通运输发展总体思路和主要任务，安排2011年交通运输工作。

1.“十一五”交通运输发展回顾和基本经验

回顾总结“十一五”交通运输工作，有以下几个主要特点：

(1)深入贯彻落实科学发展观，积极探索交通运输科学发展新理念、新思路、新举措。

(2)交通基础设施更加完善，服务经济社会发展全局的能力大幅提升。

(3)统筹城乡交通运输发展，农村交通运输事业成效显著。

(4)交通运输服务保障能力快速提高，人民群众安全便捷出行条件显著改善。

(5)依法行政能力和科技创新能力明显增强，行业改革和对外交流合作不断推进。

(6)行业文明建设和人才队伍建设取得丰硕成果，党风廉政建设不断深化。

五年来，在积极推进交通运输科学发展的实践中，也积累了宝贵经验：

(1)坚持以科学发展观为统领，是做好交通运输工作的根本保证。

(2)坚持牢牢把握和用好机遇，是推进交通运输发展的重要前提。

(3)坚持以人为本、民生为先，是交通运输工作的出发点和落脚点。

(4)坚持推进改革创新，是发展交通运输的不竭动力。

(5)坚持凝心聚力、团结协作，是完成各项任务的强大合力。

(6)坚持抓党风、促政风、带行风，是发展交通运输的政治保障。

2.“十二五”交通运输科学发展的总体思路

部党组在认真分析当前形势和未来发展趋势的基础上，结合交通运输实际，研究提出了“十二五”交通运输发展的总体要求，即：深入贯彻落实科学发展观，认真落实中央的一系列决策部署，以科学发展为主题，以加快转变交通运输发展方式为主线，以结构调整为主攻方向，按照适度超前的原则，积极推进综合运输体系建设，加快发展现代交通运输业。到2015年，初步形成涵盖公路水路民航邮政的安全畅通便捷绿色的交通运输体系，适应经济社会发展新要求和人民群众的新期待。

落实“十二五”时期交通运输发展总体要求，要从以下六个方面组织推进：

(1)稳步推进基础设施建设。

(2)加快推进结构调整。

(3)着力推进科技创新和信息化建设。

(4)不断推进基本公共服务均等化。

(5)深入推进交通运输改革开放。

(6)持续推进行业文明和党风廉政建设。

3.2011年交通运输工作主要任务

(1)加大公路基础设施建设和改造力度，完善路网布局。

(2)有序推进沿海港口建设，加快内河水运发展。

(3)强化运输保障能力建设，不断提高运输服务水平。

(4)加强市场监管，进一步提高行业管理水平。

(5)加强科技创新能力，推进信息化建设。

(6)进一步推动节能减排，构建绿色交通运输体系。

(7)提高交通运输安全监管和应急能力，有效预防和应对特大自然灾害与突发性事件。

(8)推进交通运输行业依法行政，深化体制机制改革。

(9)坚持互利共赢,积极拓展国际交流合作。

(10)加强党风廉政建设和精神文明建设,提升行业发展软实力。

二、张德江强调:加强综合运输体系建设　实现交通运输事业科学发展

2010年12月28日晚,中共中央政治局委员、国务院副总理张德江在出席全国交通运输工作会议代表座谈会时强调,要深入贯彻落实科学发展观,全面贯彻落实党的十七届五中全会和中央经济工作会议精神,以科学发展为主题,以加快转变发展方式为主线,按照适度超前的要求,坚持科学规划、科学建设,坚持服务生产、改善民生,加强综合运输体系建设,开创交通运输科学发展新局面,为经济社会发展作出新贡献。

张德江在听取代表发言后指出,"十二五"既是交通运输加快建设、加快发展的黄金机遇期,也是转变发展方式、提升发展质量的关键时期,要迈出建设安全畅通便捷绿色综合交通运输体系的重大步伐。

张德江强调,要编制和实施好"十二五"规划,按照科学发展、完善网络、建设安全畅通便捷绿色的综合交通运输体系的要求,实现发展思路、体制机制、政策措施等方面创新,确保规划的连续性、前瞻性、综合性、指导性和实践性。要继续加强基础设施建设,大幅度提升我国交通运输能力,促进城乡、区域交通运输协调发展。要全面落实优先发展公共交通战略,加快构建衔接顺畅、方便快捷、经济安全的城市公共交通运输服务体系。要加强综合物流体系建设,加快物流网络建设,尽快把物流业培育成重要的支柱产业。要综合运用现代管理理论和科学技术成果,依法、科学、文明进行管理,提高交通运输现代化管理水平。要不断提高安全监管和应急处置能力,逐步实现管理规范化、监管法制化、设施现代化、应急高效化。要建立健全综合交通运输法律框架体系,强化"立、改、废"工作,推进依法行政,建设法治政府和服务型政府。要着力深化改革、扩大开放,努力消除制约交通运输科学发展的体制机制障碍,积极推动交通运输领域国际交流合作,加快交通运输企业"走出去"步伐。要加强领导班子建设和队伍建设,提高干部职工的政治素质、文化素质、业务素质和专业技能,为交通运输事业发展提供强大的人力资源保证。

三、翁孟勇强调:早谋划早部署早行动确保　明年开好局起好步

2010年12月29日下午,全国交通运输工作会议完成各项议程后圆满闭幕。交通运输部党组副书记、副部长翁孟勇在总结讲话时强调,各地各单位要认真学习、深刻领会张德江副总理的重要讲话和李盛霖部长工作报告精神,统一思想,达成共识,凝心聚力,早谋划、早部署、早行动,确保明年交通运输工作开好局、起好步。

翁孟勇要求,各地各单位要把思想认识统一到党的十七届五中全会和中央经济工作会议精神上来,统一到张德江副总理对交通运输工作的要求上来,统一到部党组"十二五"行业发展的总体要求和推动各项主要任务上来。要切实转变工作作风,领导干部要深入基层,下移工作重心,使各项政策措施更有针对性、预见性和可操作性,切实把会议确定的目标任务和工作要求落到实处。

翁孟勇强调,"十二五"既是交通运输发展的重要战略机遇期,又是矛盾凸显期,发展一定要注重全面性、协调性、可持续性。"十二五"发展目标的确定要体现张德江副总理所要求的量力而行、尽力而为、实事求是,坚持科学发展、完善网络,建设安全畅通便捷绿色的综合交通运输体系,实现发展思路、体制机制、政策措施方面的创新,不能再走过去单一注重建设的发展道路。

翁孟勇指出,"十二五"交通运输发展规划草案突出抓住转变发展方式这条主线,规划形式上体现了从建设规划向行业发展规划转变,内容涵盖基础设施建设、运输服务、科技进步、信息化、政策法规、绿色交通、安全应急、队伍建设、行业文明等方面。各地要处理好公路、水路、民航、邮政发展和推

进综合运输体系发展的关系，处理好用好发展重要战略机遇期与加快转变发展方式的关系，处理好建设、养护、运输、管理的关系，处理好发挥市场机制和改善民生、促进交通运输基本公共服务均等化的关系，扎实推进交通运输业“十二五”期间转变发展方式取得新成效。要根据经济社会和交通运输发展状况，在“十二五”规划中明确各自调整结构的思路和举措。有条件的要适应大部门制改革的新形势，积极推动综合运输体系建设，把新增职能纳入“十二五”规划，并找准工作切入点，积极探索，努力推动发展。

附件四

内蒙古自治区人民政府关于进一步加快公路建设的意见

（内政发〔2008〕122号　2008年12月10日）

引自《内蒙古政报》2009年01期:34

各盟行政公署、市人民政府，自治区各委、办、厅、局：

公路交通是国民经济的基础性、先导性、服务性产业。加快自治区公路交通事业发展，对于推动全区经济社会发展具有十分重要的战略意义。为了更好地适应新时期我区经济社会发展的需求，紧紧抓住国家实施加快基础设施建设一系列政策机遇，充分发挥公路建设在“扩大内需、拉动经济”中的重要作用，努力实现我区公路交通事业新一轮的大发展，为推动自治区经济社会又好又快发展提供更加良好的交通保障，现提出如下意见。

一、充分认识加快公路建设的重要性和紧迫性

公路建设是拉动国民经济发展，促进产业结构升级，保障社会运输需求的重要途径。加快我区公路建设对于促进资源开发，扩大对外开放，巩固祖国边防，实现兴区富民具有十分重要的意义；有利于将我区的资源优势转化为经济优势，区域优势转化为开放优势，潜在优势转化为现实优势；对于我区加快推进工业化、城镇化、农牧业产业化“三化互动”发展战略，具有重要的基础保障作用。加快公路建设是贯彻国务院提出的“扩大内需、拉动经济”方针、应对经济发展形势和适应社会发展需求的重大决策，对于我区水泥、钢材等建材行业发展和增加社会就业机会将起到重要的拉动作用。

二、加快公路建设的目标任务

（一）总体目标

全面加快干线公路网和农村牧区公路网两个网络建设。干线公路网突出加快高速公路网建设，加快通关出区和资源开发两个通道建设，尽快建成一个统筹规划、布局合理、设施完善、结构优化、管理现代、衔接顺畅的公路交通体系。

（二）分项目标

1. 农村公路

按照预定目标，到“十一五”末实现全区所有苏木乡镇通沥青（水泥）路，所有嘎查村通公路。

2. 高速公路

到2013年底，基本实现全区盟市所在地以高速公路连通（各盟市所在地均有高速公路出口）。

3. 一级公路

到2013年底，基本实现全区80%的旗县（市、区）以一级以上公路连通[80%的旗县（市、区）所在地有一级以上公路出口]。

4. 出口通道

到2013年底实现自治区重点通关出区通道以一级以上公路连通。

5. 扩能改造

全力推进东胜—包头、包头—呼和浩特—集宁—老爷庙高速公路扩能改造。

（三）投资目标

2009年至2013年，力争5年全区公路建设完成投资2200亿元，其中，2009年争取完成公路建设投资300亿元。

三、具体职责与实施办法

（一）完善公路建设管理体制

继续推进公路建设管理权限下放改革，充分发挥地方各级政府的主体作用，调动有关部门的积极性。进一步明确职责、细化分工、落实责任，努力形成“责权一致、分工合理、决策科学、执行顺畅、监督有力”的公路建设管理新体制。

（二）强化公路建设前期工作

公路建设所涉及的征地、拆迁、安置工作由项目所在地盟行政公署、市人民政府负责实施，并按照公路建设基本程序依法办理土地、环保、水利、林业、文物及公铁交叉等相关审批手续。

自治区交通主管部门负责纳入国家、自治区干线公路网的高速公路、一级公路建设项目的工可研审批、勘察、初步设计等相关工作。各盟行政公署、市人民政府负责其他公路建设项目的工可研审批、勘察、初步设计等相关工作。

（三）分级落实公路建设资金

高速公路的建设资金，除国家补贴资金外，由自治区交通主管部门代表自治区人民政府统贷统还。一级公路建设资金，除积极争取国家补贴资金外，原则上由自治区交通主管部门统贷，所在盟行政公署、市人民政府分还（具体由自治区财政与盟市财政主管部门运作）。其他路网项目建设资金，除列入国家规划的由国家补贴资金外，自治区补贴标准另行规定，不足部分由盟市自筹。列入计划的农村牧区公路项目建设资金，自治区交通主管部门积极争取加大国家补贴力度，不足部分由盟市、旗县和苏木乡镇三级政府通过自筹和农牧民投工投劳解决。

2009 年至 2010 年自治区将通过资本金注入、争取国债资金等多种渠道，继续加大支持力度，按公路建设投资的 6% 注入资本金。各盟行政公署、市人民政府和旗县人民政府也要加大本级财政对公路建设的投入力度。

（四）加强公路建设组织管理

高速公路和一级公路建设项目，除内蒙古高等级公路建设开发有限责任公司承建的项目外，其他项目全部由各盟行政公署、市人民政府组建项目法人，履行业主职责，负责项目建设的组织管理。其他路网项目，由各盟行政公署、市人民政府确定项目业主单位，负责项目建设的组织管理。农村牧区公路由旗县人民政府组建项目法人，履行业主职责，具体负责项目建设的组织管理。经营性公路按照《收费公路管理条例》和《经营性公路建设项目投资人招标投标管理规定》进行建设。

（五）加强公路建设监督管理

自治区重点公路建设项目，由自治区交通主管部门及其所属的质量监督机构对工程质量负监督责任，项目法人负管理责任。路网改造项目，由项目所在地盟市交通主管部门及其所属的质量监督机构对工程质量负监督责任，项目法人负管理责任。农村牧区公路建设项目，旗县人民政府为本地区农村牧区公路建设的责任主体，质量管理与监督工作按照《内蒙古自治区交通厅关于加强我区农村牧区公路建设质量监督工作的意见》（内交发〔2007〕443 号）执行。经营性公路建设项目，由项目所在地盟市交通主管部门及其所属的质量监督机构对工程质量负监督责任，由投资人组建的项目法人对工程质量负管理责任。公路建设项目各从业单位依法对所承担建设项目的工程质量负责。

自治区重点公路建设项目的招投标工作由业主组织实施，自治区交通主管部门复核监督。对于重大项目的实施，自治区交通主管部门可派驻专业人员帮助监管。其他公路项目的招投标工作由业主组织实施，盟市交通主管部门复核监督。对公路建设的资金使用、安全生产、廉政建设，由项目业主负管理责任，同级交通主管部门负监督责任。

四、加强公路建设的组织领导

（一）强化政府责任

地方各级人民政府要将加快公路建设作为促进本地区经济社会发展一项重要工作任务，认真落实公路建设责任。要在严格执行《内蒙古自治区人民政府关于加快公路交通发展的意见》（内政发〔2006〕83号）精神的基础上，积极出台扶持政策，改善公路建设环境，推广典型经验，推动公路交通事业又好又快发展。

（二）完善工作机制

各盟行政公署、市人民政府要加强组织领导，建立交通、发展改革、国土资源、环保、水利、林业、文物、铁路、财政、工商、税务、金融机构等部门共同参与、分工负责、协调配合的工作领导小组，分解工作职责，明确工作时限，制订和实施加快公路建设的政策措施和工作计划。

各盟行政公署、市人民政府要把公路建设责任的落实情况和各项工作的进展情况，列入本地区责任目标考核体系。自治区将优先扶持工作积极性高、责任落实好、前期和筹资完备的盟市加快公路建设。

发布部门：内蒙古自治区政府
发布日期：2008年12月10日
实施日期：2008年12月10日

附件五

其他相关技术简介

一、植被混凝土护坡绿化技术(三峡大学护坡绿化研究所)

技术原理:利用客土掺黏合剂(水泥)和固网(镀锌铁丝网锚定)技术,使客土物料紧贴坡面,创造草类生存的良好环境。运用绿化基材处理路基边坡,主要利用镀锌机编网和锚杆固定,将植被绿化基材经均匀搅拌后,由喷混凝土设备喷射到边坡上,形成10cm厚度的绿化基材层。喷射完后,覆盖一层无纺布防水保墒,经过一段时间洒水养护,草木覆盖坡面,形成具有一定强度的稳定防护层,起到固定边坡和绿化作用。

适用坡面:适用各类岩石边坡和混凝土边坡。

基质材料:①普通硅酸盐水泥(32.5c);②壤土或沙壤土(粉碎过筛);③腐殖质(锯末、稻壳、酒糟、菌苞等);④混凝土绿化添加剂(专利产品)。以上四种材料按一定的比例配方,混合均匀备用。

技术特点:喷植的基质有强度,不开裂,抗冲刷,不流失,绿化率可达到95%以上。

施工设备:空压机和混凝土喷射机。

设计要点:喷植厚度一般7~10cm,分为两层,基层和面层。面层含植物种子,厚度1cm;物种用多种草种、多种灌木混合使用,以达到恢复生态的目的。

施工工艺:

(1)工艺流程

修整边坡→布置锚杆孔眼并钻孔(含排水孔)→穿插锚杆、注浆→铺设镀锌机编网→搅拌、喷射绿化基材→喷播植草→覆盖无纺布→喷水养护。

(2)基材和种子配比

①绿化基材的选择:基材必须保证具有以下三点性能。其一,具有抗雨水冲刷性能,以保证在植物生长成型前不被雨水冲失。其二,必须保证喷射基材混合物团粒结构的形成,具有团粒结构的土壤,能够协调水、肥、气、热等肥力因素,是植物生长最适宜的土壤结构,一般采用含砂量稍低的土壤,土要保持干燥,粉碎过筛,符合喷锚机要求。其三,必须保证植物所需养分的长期有效性,在坡面形成健康稳定的植被群落之前不会出现养分耗尽现象。

②植物种子的选择:植物生长受环境限制,植物品种的选择要因地制宜,同时注意选择抗旱性、抗逆性和生态位不同的品种。采用冷季型草种和暖季型草种混播,可以在营养补给、抗逆性等方面优势互补,确保四季常青,达到良好的水土保持和100%绿化覆盖率等绿化效果。

(3)施工方法

①清理平整坡面:清除坡面淤积物、浮土、浮石,打掉突出岩石,使坡面尽可能平整。

②布设锚杆、注浆:对开挖成型的边坡修整坡面,沿坡面上搭设钢管架工作平台,布孔钻眼(包括排水孔),底排锚杆距平台高50cm布孔。锚杆钻孔孔径50mm,孔间距1.5m,孔深符合设计要求,钻孔与坡面垂直。边坡设置排水孔,排水孔横、竖向间距3m,孔深30cm。方形布置钻孔完成后,清孔并量测钻孔深度,孔深满足设计要求时,穿插锚杆,注M30水泥浆,同时按设计要求布置排水孔。

③铺设镀锌机编网:锚杆注浆完成后,挂镀锌机编网,铺设镀锌机编网的目的是增强护坡强度、形成加筋植被混合物。按设计要求将高强土工网挂在锚杆上,调平拉紧,在边坡平台处采用浆砌片石压边,确保土工网稳定,网孔5cm×5cm,网间搭接宽度10cm。

④搅拌植被混合物:根据搅拌机大小,按植被绿化基材的配合比计量拌和。喷射前将粉碎过筛的干燥土壤、腐殖质等基材混合搅拌均匀,由混凝土喷射机喷射至坡面。

⑤喷射绿化基材:喷射不带草籽的绿化基材混合物,喷播植草。根据坡面情况调整喷枪口与坡面的距离,在喷枪口头部,由高压水泵将水喷入绿化基材中,喷射时加水量应保持植被混凝土不流不散。

⑥喷播植草:基材喷播完成后,按种子配比和播种配方进行搅拌、喷播,其施工方法与基材喷播相同。

⑦覆盖无纺布：喷射完成后，覆盖无纺布保墒，营造种子快速发芽环境。

⑧养护：盖好无纺布后即进入养护管理阶段，主要抓好喷灌水、追施肥料、病虫害防治、清除杂草等养护管理工作。

喷水养护：分前、中、后期水分管理，前期喷水养护为50～60d，播后第一次喷水应浇透，此后根据天气状况，每月喷水2次，直至交付验收。

追施肥料：为满足草本植物氮磷钾等营养需求，维持灌草正常生长，必须在齐苗后进行追肥，追肥分春冬两次，每次每平方米追施三元复合肥30～50g。适量喷施保水、高效营养剂。

防治病虫害：灌草出苗后随时观察有无病虫为害，一经发现，需及时喷洒农药。

防除杂草：播种前土壤使用草甘膦、卡可基酸除灭；播后出苗前使用地散灵、恶草灵、环已隆等除灭杂草，杂草生长已高出主草丛时，可采取人工拔除。喷射施工后的前期养护是植物种子能否均匀发芽和健康成长的主要环节，在养护期内应保持植被混凝土呈湿润状态，当喷射的基材终凝后，采用喷雾喷头移动喷洒，杜绝高压水头直接喷灌。经过一周左右，基材内植物出苗后在水中可加入适量肥料，喷水时间逐渐放宽，直至植物覆盖坡面，植物根系与岩面连接一体。

二、混凝土浇筑生态护坡模板（内蒙古和信源生态科技有限责任公司）

技术原理：一种混凝土浇筑生态护坡模板，设计制作边坡保护层时使用的工具。该模板是在板的正面开有若干相互交错的沟槽，形成网格状结构；沟槽的上边宽度要大于其底部的宽度，以便在植物生长过程中，将混凝土边遮住。用本模板可现场连续浇筑整体的混凝土框格护坡，并根据模板的图案浇筑出不同图案的护坡。坡面形成若干蓄水平台，改善植物生长的微环境，促使护坡植物的生长量提高10%～15%，植物成活率达到93%以上，节约了养护成本。

专利号：①斜网格混凝土浇筑生态护坡模板（专利号：ZL200920006293.9），②纵横网格混凝土浇筑生态护坡模板（专利号：ZL200920007193.8）。

目标工程：适用于公路、铁路、水利、电力、矿山等建设过程中形成的各种裸露边坡的生态防护、生态修复工程。

适用坡度：30°～60°。

技术特点：该模板是在板的正面开有若干相互交错的沟槽，形成网格状结构；使用时，在边坡上按模板沟槽的位置安置钢筋，然后将本模板盖在边坡上，用混凝土或其他黏结材料浇筑成整体的网格状护坡，并可在网格内种植植物。使用本模板易于施工、效率高，可节省材料，降低成本，经济、生态效益显著。工程护坡与绿化植物护坡有机结合，其护坡能力增强，不易坍塌损毁。

已应用范围：这项技术2010年入选中国水土保持科技园区（北京延庆）的示范工程，已成功地应用于内蒙古西部地区。

三、植树袋（内蒙古和信源生态科技有限责任公司）

技术原理：袋体是由用不透水材料制成的外表层、用无纺布或加工有微孔的可降解塑料薄膜制成的里衬层和涂敷在两层之间的高吸水树脂层结合而成。将树苗根部放入袋中，加土埋入地下，在一次性浇足水后，在树苗成活期两个月内无需再次浇水，可使树的成活率、水的利用率和植树效率大大提高，降低了植树成本，解决了干旱或半干旱地区植树不易保墒、成活率低的问题，特别适于在我国西部、中部地区使用。由于在植物袋内涂有高吸水树脂，使得袋外土壤难以吸收袋内水分，保持袋内水分不流失，全部用于树根发育成长，节约了用水量。

专利号：ZL200920007196.1。

技术特点：本植树袋是将一整块软材料弯成“U”形作为主承重部件，再在其前后面各缝制上一块相同的软材料作为辅助围边,形成一个袋子;把手缝在主承重件的两面上,直径超过 50cm,把手应从上至下贯通整个袋子。由于主承重件为一个整体,不论缝线是否腐烂或不够结实,都不会掉底。该植树袋主要适用于幼树苗的培植,便于移栽,且保水透气性较好,大大提高了幼树苗的成活率。推广应用该技术,对园林绿化施工过程节省时间、降低成本将起到非常重要的作用。

使用方法:本植树袋与传统的植树袋使用方法相同。

附件六

建设生态文明　促进和谐发展

周　荣

引自《乌蒙论坛》2008 年第 2 期:14 ~ 18

党的十七大在我国经济社会发展理论建设道路上的一个重大突破，就是把“建设生态文明，基本形成节约能源资源和保护生态环境的产业结构、增长方式、消费模式”提到了发展战略的高度。这是党中央首次把“建设生态文明”写入党代会的报告，是建设和谐社会理念在生态与经济发展方面的升华，对于如何尽快实现科学发展、和谐发展，无疑具有重大而深远的指导意义。

一、可持续发展的困境

人类在追求自我生存和发展的过程中，不断地对自然进行掳掠，以及人类的自相奴役的逐渐扩大，尤其是在近代工业革命之后，这种态势表现得更为明显，越来越严重地制约着人类生活质量的提高和整个人类社会的全面发展。生态危机日益严峻，社会贫富分化日益明显，人类安全度下降，所有的这些使得整个人类社会在一种不稳定中运行。因此，20 世纪 90 年代，世界 180 多个国家和地区的领袖人物云集巴西的里约热内卢，召开人类历史上最大的“环境与发展会议”，试图为整个人类和地球找到新的进化模式。经过多方努力，通过了全球《21 世纪议程》、《里约环境与发展宣言》、《关于森林问题的原则声明》，正式确立了全球可持续发展战略并签署了《气候变化框架公约》、《生物多样性公约》。发达国家承诺将向发展中国家提供数千亿美元用于生态恢复和可持续发展建设，以尽可能多地取得自然界的全球性平衡发展。发展中国家欣喜若狂，纷纷制定了本国的《21 世纪议程》，并动用许多科学家设计课题、编制预算，一时间蓄势待发，只欠东风。然而，时过数年，发达国家并未兑现诺言，发展中国家的盼望落空，仍旧是“各人自扫门前雪”。

《气候变化框架公约》的实施更是波澜起伏。该《公约》的目标是“将大气中温室气体的浓度稳定在防止气候系统受到危险的人为干扰的水平上”。《公约》本着公平原则、预防原则和可持续发展原则为各缔约方规定了义务，最主要的义务是制定、执行、公布减排计划；还专为发达国家规定了一系列特殊义务，包括到 2000 年，温室气体的人为排放量回复到 1990 年的水平；发达国家要向发展中国家提供有关资金并促进和资助向发展中国家转让无害环境技术。为了落实《公约》，各缔约方经过谈判妥协，形成了《京都议定书》，规定了各方的温室气体定量减排目标。自此，气候变化的国际谈判都是在具体落实《京都议定书》。1994 年，《公约》生效，它是“92 里约”环发会议的硕果并被喻为是在国际上影响最大、涉及面最广、意义最为深远的国际法律文书。尽管 2000 年在荷兰海牙召开的第六次缔约方大会的参会人数达到 7 000 人之众，但全球排放第一大户美国还是在 2001 年 3 月单方面宣布将放弃实施《京都议定书》，美国的行径在国际上引起了轩然大波，其争议的焦点是发展中国家也要承担减排或限排义务。后经国际社会努力，又补充了“波恩政治协议”和“马拉喀什协定”，允许发达国家可以无限制地利用《京都议定书》的灵活机制，缓解其在国内采取减排措施的压力，从而实现境外排放。尽管不公平，但毕竟为全球可持续发展带来了一线光明。

二、生态文明的提出及其内涵

1. 生态文明的提出

生态（Eco-）一词源于古希腊字，意思是指家或者我们的环境。简单地说，生态就是指一切生物的生存状态，以及它们之间和它与环境之间环环相扣的关系。生态学（Ecology）的产生最早也是从研究生物个体而开始。1869 年，德国生物学家海克尔（Haeckel Heinrich）在《有机体普遍形态》一书中，首次提出了生态学概念，并将其定义为：研究动物与其有机及无机环境之间相互关系的科学。1935 年英国生物学家坦斯利（A. G. Tansley）比较完整地提出了生态系统这一科学概念，用来概括生物群落和环境共同形成的整体，标志着生态学的发展进入了一个新的阶段。近年来，环境问题的突出，向生态学提出了一系列迫切需要解决的问题，推动了生态学的迅速发展，使生态学成为生物科学向宏观方向发展的重要学科。20 世纪 50 年代以来，随着现代工业化和经济的高速发展，资源、人口、粮食和环境等一系列影响人类发展的问题日益突出。这使生态学的研究与人类生存和发展的研究紧密结合,生态学由自然科学跨入自然科学和社会科学结合的领域,延伸到人和自然关系的所有层面。要解决人类生存环境和发展的危机,建立可持续发展的社会,人类开始重新认识自己所走过的路,在扬弃传统农业文明和工业文明的基础上把人类社会推进到生态文明发展阶段。20 世纪 60 年代,生态学的研究扩展到研究人和人类社会,成为人类文明的重要理念。这个时代不仅要求重新建构外部自然平衡,更重要的是要重新建构人的内部平衡,即人的精神生态、人格生态的平衡,实现对人的重新塑造,以形成区别于以往时代的人的特有的思想观念和行为方式,在更深的层面上验证和推动即将到来的新时代。

2. 生态文明的内涵

生态文明是社会文明的生态化表现,是指人们在改造客观物质世界的同时,要不断地克服改造中的负面效益,积极改善和优化人与自然、人与人的关系,建立有序的生态运行机制和良好的社会环境,建立高度的物质文明、精神文明和制度文明。建设生态文明要求按生态规律办事,建立人—社会—自然系统的和谐关系,实现生态系统的最优化和可持续发展。生态文明要求发展生态经济,建立整个社会的生态平衡和社会平衡。当人们在从事各种生产活动,诸如:农业生产、工业生产、社会服务时,我们都不能破坏整个社会的生态平衡,而应该维护社会的稳定和协调。生态文明把人类与自然环境的共同发展摆在首位,在维持自然界再生产的基础上考虑经济的再生产,社会的再生产,使人与自然,人与社会和谐、同步发展。生态文明包括生产、生活与生态三个方面的内容,三者是相互联系、相互制约与相互促进的,其中良好的生态是基础,较高的环保意识、可持续发展模式和更加公正合理的社会制度是生态文明的具体内容。

三、当前我国经济社会发展所面临的问题

如前所述,生态文明是针对当前人类社会在发展过程中不断追求经济发展的速度而出现的诸如:环境恶化、资源枯竭、人口过量增长、贫富分化加剧、人类安全危机等一系列社会问题而提出来的。生态文明要求整个社会协调、可持续发展。然而,当前中国的经济社会结构及发展状况不符合生态文明的要求,主要表现如下。

1. 农村内部生态问题

由于人口急剧膨胀,我国农村人地矛盾越来越尖锐,耕地紧张并且持续减少。据国家环保总局调查,目前我国耕地正以每年近 60 万平方公里的速度递减。水土流失严重,土地荒漠化加剧。全国水土流失面积超过国土总面积的 1/3,沙化土地面积接近国土总面积的 1/5,1/3 的国土面积受到酸雨影响。90% 以上的天然草场退化,生物多样性减少。全国七大水系监测断面中 62% 受到污染,70% 的江河水系受到污染,3 亿农民无法喝到安全的饮用水。同时,由于农业生产力水平低,高消耗低产出,大量过剩劳动力找不到出路,农村居民收入难以增加,相对贫困人口有增无减,农村教育问题突出,新文盲不断产生。

2. 城市内部生态问题

表现在低水平的工业化生产造成的环境污染,导致空气质量下降。数据显示,2006 年中国化学需氧量排放总量居世界第一,远远超过环境容量,工业固体废物产生量达到 10 年前的两倍,流经城市的河段 90% 受到污染,1/5 的城市空气污染严重。城市结构布局不合理,工业区、商业区、生活区混杂,居民生存环境恶化。生活垃圾大量排放并未能得到处理造成的污染不断扩大。工业生产率低下,高耗能低产出,资源、能源过度消耗,有增长而无发展。

3. 城乡之间的生态问题

在工业和农业经济的发展特别是近年乡镇企业的发展过程中,忽略了工业污染和对农村环境的保护。城市不断把污染严重的工厂、企业转到郊区和农村,使农村承受的环境成本不断增加,城乡经

济不能实现良性运转。二元结构下的城乡分治,使农村社会经济问题突出,社会发展极不平衡,地区经济发展不平衡,差距不断扩大。人们的科学文化素质和教育的发展不平衡使得人与人之间的不平等进一步加剧,社会发展失去了应有的本义。

四、建设生态文明的理论和实践意义

1.理论意义

建设生态文明是实现经济社会协调发展的必然要求。现代社会在经历了传统农业文明、工业文明之后,越来越认识到,人类社会发展不能再以单纯求经济的增长为发展目标。因为经济的增长,物质财富的增加,并不完全代表社会的进步和发展。人类在不断创造GDP的同时,也给社会生态环境以及人类自身的生存环境造成极大的破坏,以至于人类面临着从未有过的生存危机。现阶段,随着我国经济的快速增长和人口的不断增加,能源、资源不足的矛盾越来越尖锐。一方面,我国人均资源不足,人均耕地、淡水、森林仅占世界平均水平的32%、27.4%和12.8%,石油、天然气、铁矿石等资源的人均拥有储量也明显低于世界平均水平;另一方面,由于长期实行主要依赖增加投资和物质投入的粗放型经济增长方式,能源和其他资源的消耗增长很快,生态环境恶化的问题也日益突出。导致这样严重的结果,是因为长期以来,GDP增长率是评价地方官员政绩的一个不成文标准,以至一些地方为追求一时的经济发展速度,不惜违背经济规律。特别在经济利益面前,一些地方的环保概念常常弱不禁风,甚至不堪一击。于是,出现了这样的情形:经济建设取得了"辉煌成果",生态环境却遭到严重破坏,可持续发展受到损害。

事实证明,单纯的GDP增长指标确有问题,它没有体现经济增长过程中的环境损失和资源消耗成本,片面强调GDP增长会助长盲目消耗资源、破坏环境,造成社会失衡,反过来又使GDP的增长难以为继。所以,以牺牲能源、环境资源为代价,换取某种经济增长,带来的只是一时的经济数据的提高,留下的却是长远的危害和隐患。我们只有把经济发展与环境、资源保护以及人的全面发展结合起来,才能对生产要素产生最科学的集聚效应,并营造出源源不断的发展后劲。因此,建设生态文明是实现全面建设小康社会奋斗目标的内在需要,是深入贯彻落实科学发展观的重要内容。

2.实践意义

如何在保持经济平稳增长的前提下,突破我国的淡水、土地、能源等资源要素制约,这需要我们努力探求能够维护生态平衡、促进经济与生态环境协调发展的长远战略。应该看到,在过去的发展中,各级政府、环保部门及社会各界通过不懈的努力,在环境、资源保护方面取得了可喜的成就,有力地遏制环境污染与生态破坏,推动了环境保护和生态文明建设,但是,在生态文明建设的总体目标选择上还缺乏从宏观层面上全面、深入、系统的研究,无论在其科学性还是实践性上都还有待于进一步提高,需要一个明确、统一的建设目标。而且对于解决因区域人口和资源矛盾与冲突所造成的生态问题,仅仅靠环境治理是远远不够的,更重要的是应当积极探索和寻找人口、资源和环境矛盾与冲突的根本原因,以及我们如何在矛盾与冲突中寻求协调与平衡,更需要探析能够使经济发展与资源环境保护相协调的激励因素、制度与机制设计等问题。使区域生态系统运行中所引发的人与自然的矛盾得以化解,使政府、企业、公众以及各个利益集团在竞争中寻求合作,化无序竞争为有序合作,让各界都能自觉地行动起来,为了当代也为了后代,坚决地走可持续发展之路,这才是文明发展的正确选择。

因此,十七大报告提出生态文明的理念,批判反思了人与自然关系中环境污染的代价,强调要建立人与自然的和谐相处关系。要求全党全社会牢固树立"生态文明"的科学发展观,不仅仅是一个指标性的问题,它可以在一定程度上纠正某些区域片面追求经济增长,不利于长远发展的错误执政理念。

五、对策及建议

生态文明建设是一个庞大复杂的系统工程，建设生态文明，不同于传统意义上的污染控制和生态恢复，而是克服工业文明弊端，探索资源节约型、环境友好型发展道路的过程。一方面，必须立足于我国特殊的自然生态环境实际条件；另一方面，又要充分吸取发达国家在生态环境方面的经验教训，把生态文明建设的目标寓于我国的远景发展之中，坚持经济、社会、人口、资源、环境等方面协调发展，整体推进。

1. 大力弘扬生态文化，提高全社会的生态文明理念和意识

必须动员全社会各方面的力量，包括政府中的规划者、领导者、各公共基础设施的管理者、企业经理、教育机构和工作者、普通市民，密切配合，统一行动。通过多种渠道广泛宣传绿色产业、绿色消费、生态城市、生态人居环境等有关生态文明建设的科普知识和教育活动，加强人们对生态文明观的进一步了解与认同，树立全民的生态文明观、道德观、价值观。增强全民的生态忧患意识、参与意识和责任意识。特别抓好学校教育环节，重视青少年生态道德意识的培育和提高。

2. 建设生态文明必须走可持续发展的道路

可持续发展离不开可持续的生态环境和可持续的社会环境，建设生态文明就是创造一个可持续发展的社会环境。为了能够将一个可持续发展的社会环境留给子孙后代，我们应营造一个更加公正而平等的社会环境，包括建设一个能够使人们的基本权利在更大的范围内得到实现的制度文明。从传统工业文明向新的生态文明的转变是一场文明革命，对传统的文明提出了严峻的挑战，它要求改变目前高能耗、高污染的生产方式，形成新型的生态工业、生态农业、生态服务等一系列生态产业，走可持续发展的道路。

3. 根据生态文明建设的一体化发展战略，建立综合决策制度，评估考核制度和调控制度，进一步强化管理和调控

(1)要组建生态文明建设的专门管理机构和科研机构。

作为一项系统工程，没有一个专门负责的职能机构是不行的。目前的环保部门的职能具有很大的局限性，它主要是对已有的污染进行末端治理，难以从源头控制对环境的污染和破坏。对于大型建设项目的审批，也只能对项目的具体调整做修复性的努力，而且局限于项目本身，难以从经济、社会、环境的整体做出评价。应从环保、计划、建设、能源、经济、农业、水利、宣传部门和文教等科研机构抽调相关人员组成、组建负责生态文明建设的常设型机构(如生态文明建设指导委员会)，负责生态化建设任务，承担生态化建设的整体规划、决策，周密的实施方案设计、组织协调和监督职能，并作为生态化建设的宣传、交流和推广中心。这些人既要能够协调进行综合决策，又能保证将统一的规划落实到各个部门，以保证监督实施。

(2)加大生态保护与建设的科技投入和智力支持，把生态保护与建设的研究纳入科技发展的重要领域给予重点支持。

创办能够指导生态规划和发展的科研院所，专门负责生态文明建设的理论与实践研究，或采取课题委托等形式，组织科研院所及其他研究机构共同对生态环境保护技术进行研究，为政府决策提供理论支持和技术指导。建立适应生态产业发展的实验室，为生态文明建设工程提供科技投入和智力支持。

(3)建立生态文明建设的相关统计以实现科学的评估、预警和调控。

应建立生态文明建设发展框架下的人口、资源、环境、经济与社会协调发展状况的绿色统计，围绕生态建设各方面关系来设置相应的统计指标体系。建立国民经济绿色核算制度，为各个时期的发展提供经济社会与资源环境发展状况的综合信息，为政府评估、预警和调控本地区的可持续发展能力、水平及其进程提供必要的数据，为其制度安排、管理激励、机制设计提供决策依据。进一步完善生态

环境监测体系(如大气自动监测站点、建立废物交换信息网络等),建立生态事故发布和预警等各项制度。

(4)建立生态文明的综合评价和定量考核制度。

评价一个地方的经济、社会发展不能只看GDP、经济增长率、利税等指标,必须将其与生态环境指标综合起来看待。同样,在评价衡量领导干部的业绩时,也不能习惯于只看当前的经济指标,不注重长远的社会效益。这是多年来导致一些领导以牺牲生态环境为代价来发展经济的主要原因,作为领导干部,为官一任不仅要造福一方,而且要造福子孙、造福后代。因此,要尽快出台生态环境综合定量指标体系,作为干部业绩评价的依据,真正落实生态环境目标责任制。目前,特别要加强对重点耗能大户的节能改造和考核管理。

(5)建立和完善生态文明建设的政策体系和法律体系。

生态文明建设不仅需要道德力量的推动,也需要政府和权力机关出台必要的政策、制定相关的制度性政策(环境保护税收制度、环境污染收费制度、污染防止奖励制度等)和法律法规来进行硬约束。一要把生态文明的内在要求以法律的形式加以确认,进一步健全各种生态环境保护法律、法规;二要加大执法检查的力度,切实维护法律的尊严。

4.加大产业结构和产业布局的战略性调整

生态环境既是产业存在发展的基础,也是产业可持续发展的保证。当产业发展建立在生态环境可持续发展基础上时,产业的持续稳定发展能够优化生态环境,从而使产业发展和生态环境形成良性循环。通过和实施生态环境保护导向的产业布局政策、产业技术政策和产业组织政策,努力推进产业结构的调整,使传统企业向高新企业转移,不断提升产业发展的规模和档次,为生态环境改善创造条件。

5.建设生态文明的物质技术基础

全面推进生态环境的保护和治理最直接有效的途径就是发展环境保护产业,主要是指为污染控制与减排、污染清理及废弃物处理等方面提供设备和服务的产业,为防治环境污染和生态破坏提供技术装备、技术服务及其他支持手段。政府可通过资金援助、提供信息及组织技术咨询等帮助和扶持环保企业进行技术研发,筛选最适用的环保技术和产品优先予以开发,并加以推广,把研究成果迅速向社会转移。实施生态工程,建设生态工业园、生态文明示范区、生态文明校园等,从而起到以点带面的示范作用。

参考文献:

[1] 孙彦泉、王成义.文明的“脚步”与自然的“印记”.山东农业大学学报(社科版)[J].1999(1).
[2] 孙彦泉.生态文明的科学技术观[J].科学技术与辩证法,1999(3).
[3] 王兆骞.中国生态农业与农业可持续发展[M].北京:北京出版社,2001.
[4] 耿勇,等.工业生态学与生态工业园[M].北京:化学工业出版社.
[5] 余谋昌.当代社会与环境科学[M].辽宁:辽宁人民出版社,1986.
[6] 刘宗超.中国可持续发展的战略抉择[J].大自然探索,1995(1).
[7] 刘宗超,刘粤生.全球生态文明观——信息增殖范型[J].自然杂志.
[8] 王祥荣.生态与环境[M].南京:东南大学出版社,2000.
[9] 杨公朴,夏大蔚.产业经济学教程[M].上海:上海财经大学出版社,2002.

参考文献

[1] Devlaeminck R, Bossuyt B, Hermy M. Inflow of seeds through the forest edge: evidence from seed bank and vegetation patterns[J]. Plant Ecology, 2005, 176: 1-17.

[2] (日)前堀幸彦. 植生にするのり面の保护[J]. 土木技术, 1984, 39(2): 85-93.

[3] (日)山村和也. のり面安定とその对策[J]. 土木技术, 1994, 49(2): 29-30.

[4] Edwards G R, Crawley M J. Herbivores, seed banks and seedling recruitment in mesic grassland[J]. Journal of Ecology, 1999, 87: 423-435.

[5] Figueroa J A, Teillier S, Jaksic F M. Composition, size and dynamics of the seed bank in a Mediterranean shrub land of Chile[J]. Austral Ecology, 2004, 29: 574-584.

[6] Garwood NC. 1989. Tropical soil seed banks: A renew[A]. Ecology of Soil Seed Banks[C]. San Diege: Academic Press: 149-209.

[7] Gray D H. Effects of forest clear-cutting on the stability of natural slope[A]. Bulletin of the Association of Engineering Geologists[C]. 1970, 7(1-2): 45-66.

[8] GrossKL. A comparison of methods for estimating seed number sin the soil[J]. Journal of Ecology, 1997, 16(5): 19-23.

[9] Norman MA, Koch JM, Grant CD, et a1. Vegetation succession after bauxite mining in Western Australia [J]. Ecology, 2006, 14(2): 278-288.

[10] Oosting HF, Humpreys ME. Buried viable seeds in successional series of old fields and forests. Bull Torrey Bot Club, 1940, 67: 253-273.

[11] Parker VT, Simpson RL, Leck MA. Pattern and process in dynamics of seed banks. Ecology of soil seed banks, Academic Press. New York, 1989: 367 -384.

[12] ROBERTS H A. Seed banks in soils[C]. Advances in Applied Biology. London: Academic Press, 1981: 1-55.

[13] Setirr R B, Soil bio-engineering takes vigor ASCE[J]. 1998, 568(7): 50-53.

[14] Thompson K, Grime JP. Seasonal variation in the seed banks of herbaceous species in the contrasting habitats[J]. Ecology, 1979, 67: 893-921.

[15] Valk AG, Pederson RL, Davis CB. Restoration and creation of freshwater wetlands using seed banks [J]. Wetlands Ecology and Management, 1992, 1(4): 191-197.

[16] Van der Valk AG, Davis CB. The role of seed bank in the vegetation dynamics of prairie glacial marshes[J]. Ecology, 1978, 59: 322- 335.

[17] Vivian SG, Handel SN. Freshwater wetland restoration of an abandoned sand mine: Seed bank recruitment dynamics and plant colonization [D]. Wetlands, 1996, 16: l85-196.

[18] Warr SJ, Kent M, Thompson J P. Seed bank composition and variability in five woodlands in southwest England[J]. J. Biogeogr, 1994, 21: 152-168.

[19] 方华,林建平. 植被护坡现状及展望[J]. 水土保持研究, 2004, 1(13): 283-285.

[20] 顾卫,江源,余海龙,等. 我国北方地区边坡客土喷播技术应用现状与问题[J]. 公路交通科技(应用技术版), 2007(3): 36-39.

[21] 顾卫,江源,张春禹,等. 厚层基质喷附技术在半干旱地区高速公路生态恢复与重建中的应用研究[J]. 公路交通科技(应用技术版), 2006(9): 157-160.

[22] 郭和蓉,卢小良,廖宗文. 香港石质边坡生态恢复方法探讨[J]. 草业科学, 2004, 21(9): 83-86.

[23] 韩有志,王政权. 两个林分水曲柳土壤种子库空间格局的定量比较[J]. 应用生态学报, 2003, 14

(4):487-492.
[24] 何云,李贤伟,邓月平.浅谈岩石边坡护坡植物选择[J].草地生态,2006(4):38-42.
[25] 黄丽,丁树文,董舟,等.三峡库区紫色土养分的试验研究[J].土壤侵蚀与水土保持学报,1998,4(1):8-13.
[26] 李天杰,等.内蒙古自治区资源系列地图——土壤类型图.1991.
[27] 李旭光,等.日本的公路边坡绿化与防护[J].公路交通科技,1995(12):59-64.
[28] 林金安.植物种子综论[M].哈尔滨:东北林业大学出版社,1993.
[29] 刘本同,钱华,何志华,等.我国岩石边坡植被修复技术现状和展望[J].浙江林业科技,2004,(3):47-54.
[30] 刘美珍.浑善达克退化生态系统恢复研究——自然力在沙地草地恢复中的应用[DB/OL].中国优秀博硕士学位论文全文效据库,2004.
[31] 刘世同,陈志一.公路植草护坡草种及草种组合研究[J].华东公路,1998,110(1):68-71.
[32] 马海天才,廖心北.边坡生物防护研究现状初探[J].四川草原,2003(3):15-16.
[33] 内蒙古草场资源遥感考察队.内蒙古草场资源遥感应用研究文集.呼和浩特:内蒙古大学出版社,1987.
[34] 内蒙古自治区政府网——走进内蒙古频道.http://www.nmg.gov.cn.
[35] 彭坷珊.中国水土流失的基本概况及综合治理.天水师范学院学报.2001,21(1):47-52.
[36] 钱华,柏明娥,刘本同,等.岩质边坡绿化过程中人工土壤的重建[J].中国水土保持科学,2006,(4):83-86.
[37] 青秀玲.典型草原主要植物繁殖特性的研究[D].呼和浩特:内蒙古农业大学,2002.
[38] 冉雪梅,舒中潘.遂渝铁路边坡种植基材配比对植被的影响[J].路基工程,2006(6):117-118.
[39] 山寺喜成·安保昭,吉田宽.恢复自然环境绿化工程概论.罗晶,张学培,曾大林,等译.北京:中国科学技术出版社,1997.
[40] 山寺喜成.地球环境时代的绿化技术,首届工程绿化学术研讨会,北京,2006.
[41] 史鸿飞,等.土壤种子库及其在退化林地植被恢复中的应用[J].林业调查规划,2006,31(1):71-74.
[42] 舒翔,曹映汉,廖晓瑾,等.岩石边坡喷混植生设计与施工[J].中外公路,2001,21(4):45-48.
[43] 孙乔宝,甄晓云.高速公路建设对生态环境的影响及恢复[J].昆明理工大学学报,2000(2):68-71.
[44] 孙儒泳,李博,诸葛阳,等.普通生态学[M].北京:高等教育出版社,1997.
[45] 唐勇,曹敏,张健候.刀耕火种对山黄麻林土壤种子库的影响[J].云南植物研究,1997,19(4),423-428.
[46] 田涛,辛转霞,毛荣,等.喷射厚层种植基材绿化技术的应用——以勉宁高速公路高边坡为例[J].陕西林业科技,2005(2):25-27.
[47] 王代军,等.公路边坡侵蚀及坡面生态工程的应用现状[J].草原与草坪,2000(3):22-24.
[48] 王文辉.内蒙古气候.北京:气象出版社,1990.
[49] 王晓东,等.边坡绿化喷播技术应用[J].公路,2000(4):46-49.
[50] 巫锡勇,梁毅,李树鼎.降雨对绿化边坡客土稳定性的影响[J].西南交通大学学报,2005,40(3): 322-325.
[51] 吴宝和.地表水和地下水对岩质边坡稳定性影响及防渗措施[J].中国地质灾害与防治学报,2003,14(3):140-141.
[52] 吴福生,张树奎,刘家豪.塑料盲沟水力学性能试验[J].灌溉排水,2001,20(3):79-80.
[53] 吴华金,陈加洪,赵志武.高速公路坡面排水意见和建议[J].云南交通科技,2003,19(2):37-40.

[54] 许文年,王铁桥,叶建军. 岩石边坡护坡绿化技术应用研究. 水利水电技术,2002(7):35-40.
[55] 杨启维. 厚层基材植被边坡防护技术[J]. 铁道标准设计,2007(1):32-34.
[56] 雍世鹏,等. 内蒙古自治区资源系列地图——植被类型图. 1991.
[57] 张俊云,周德培,李绍才. 厚层基材喷射护坡实验研究[J]. 水土保持通报,2001,21(4):23~25.
[58] 赵羽,等. 内蒙古土壤侵蚀研究[M]. 北京:科学出版社,1989.
[59] 周德培,张俊云. 植被护坡工程技术[M]. 北京:人民交通出版社,2003.
[60] 周跃,Watts D. 坡面生态工程及其发展现状[J]. 生态学杂志,1999,18(5):68-73.
[61] 周跃. 植被与侵蚀控制:坡面生态工程基本原理探索[J]. 应用生态学报,2000,1(12):297-300.
[62] 周中,傅鹤林,刘宝琛,等. 土石混合体边坡人工降雨模拟试验研究[J]. 岩土力学,2007,28(7):1391-1396.